Newton Compton Editores

Título original: *The Zodiac Guide to Libra*

© 2023, Summersdale Publishers Ltd. Published by arrangement with
Summersdale Publishers, part of Octopus Publishing Group Limited.
Via Anna Spadolini Agency.
Text by Emily Kearns.
© 2025, de la traducción por Marta Cueva Camblor
© 2025, de esta edición por Antonio Vallardi Editore S.u.r.l., Milán

Primera edición: noviembre de 2025

Newton Compton Editores es un sello de Antonio Vallardi Editore S.u.r.l.
Pl. Urquinaona, 11, 3.º 1.ª izq. Barcelona, 08010 (España)
www.newtoncomptoneditores.com

Gruppo editoriale Mauri Spagnol S.p.A.
www.maurispagnol.it

ISBN: 978-84-10359-72-7
Código IBIC: WS
DL: B 11.140-2025

Composición:
Javier Sánchez Meco

Diseño de interiores:
David Pablo

Impreso en noviembre de 2025 en Puntoweb s.r.l., Ariccia (Roma), en Italia.

Astrid Carvel

Guía astrológica de Libra

Traducción de Marta Cueva Camblor

Newton Compton Editores
Barcelona, 2025

Introducción

¿Estás preparado para abrir tu mente a la sabiduría ancestral del zodiaco y explorar posibilidades ocultas? La astrología es tan extensa como el cielo de noche, una gigantesca y compleja red de estrellas, constelaciones, planetas, esferas celestes y horizontes cuyo mapa fue diseñado por nuestros antepasados durante miles de años con el fin de darle un sentido al tiempo que nosotros, los seres humanos, pasamos en este mundo.

Este libro te proporcionará los instrumentos necesarios para que explores más a fondo los comportamientos y los rasgos de personalidad que te definen y las relaciones que entablas con los demás para ayudarte a revelar posibilidades ocultas en los movimientos de los planetas. Te servirá de guía y de apoyo cuando lo necesites.

La astrología es un viaje hacia el descubrimiento de nosotros mismos en el que podemos ir sumergiéndonos lentamente o zambullirnos con decisión hasta el fondo, aprendiendo pequeñas cosas sobre los astros o adentrándonos en la complejidad que los envuelve.

A lo largo de estas páginas, encontrarás información detallada sobre la historia del zodiaco y sobre diversas tradiciones astrológicas. Entenderás cómo construir tu carta natal, su significado y lo que puedes aprender de ello.

Descubrirás el significado de lo que las posiciones planetarias intentan comunicarnos, cómo descifrar tu signo solar y lunar, tu ascendente y muchas más cosas. Observarás las casas o los segmentos de la bóveda celeste que están relacionados con distintos aspectos de tu vida y aprenderás a descodificar tus enseñanzas. En este libro se exponen los modelos que la materia celeste crea dentro de cada casa para ofrecerte el camino hacia sus significados.

Después estudiarás con detalle tu signo solar y su relación con todos los aspectos de tu vida y aprenderás a cuidar de ti mismo obteniendo el mayor provecho posible gracias a las ideas y recomendaciones relativas a tu signo del zodíaco.

¿A qué estás esperando? ¡Que comience el viaje!

Primera parte

Bienvenido al zodiaco

Este capítulo te guiará en un viaje que parte desde el origen del zodiaco, hace miles de años, hasta la actualidad y la importancia que sigue teniendo hoy en día. Para comprender a fondo tu signo solar, al que comúnmente solemos llamar signo del zodiaco o signo de nacimiento, tal vez antes quieras leer acerca de cómo la práctica de la astrología, tan extendida como hoy la conocemos, ha ido evolucionando a través de la historia y de las tradiciones.

¿Qué nos ha llevado a los seres humanos a mirar al cielo en busca de orientación desde los tiempos más remotos y por qué aún seguimos haciéndolo? Las investigaciones sugieren que la astrología es hoy en día más popular que nunca. Está experimentando una especie de renacimiento, quizá porque las innumerables incertidumbres de nuestras vidas nos impulsan a mirar hacia la oscuridad en busca de consuelo. El saber extenso de las estrellas está completamente a tu disposición. ¿Estás preparado para hacerlo tuyo?

¿Qué es la astrología?

Antes de continuar, es importante entender la diferencia entre astronomía y astrología. La **astronomía** es el estudio científico del universo, los planetas, las estrellas, los cuerpos celestes y el espacio en sí mismo. Por otra parte, la **astrología** estudia cómo la posición en que se encuentren las estrellas y los planetas en el momento en que nacemos puede influir en nuestra personalidad y afectar a nuestro modo de dirigir nuestras vidas.

La astrología es una interpretación de la posición de las estrellas y los planetas, pero también está estrechamente relacionada con el comportamiento humano y la influencia de los cuerpos celestes en él, en los estados de ánimo, las elecciones del día a día y la actitud de cada persona. Los astrólogos consideran que todas las cosas forman parte de una realidad interconectada y que comprender el antiguo simbolismo de las estrellas y de los planetas en relación con los acontecimientos de nuestras vidas es un proceso en constante evolución.

La astrología no dicta que los planetas y las estrellas tengan poder sobre nosotros o nos permitan prever el futuro, aunque sugiere que la esfera celeste es capaz de crear ciertas direcciones y situaciones que puedes aprender a usar a tu favor.

El poder de las estrellas está a tu disposición; solo necesitas un poco de práctica.

Los horóscopos que aparecen en las revistas y en los periódicos son solo la punta del iceberg. Para saber qué cosas te mueven desde una perspectiva astroló-gica, basta con saber tu fecha de nacimiento. Desde ahí puedes encontrar tu signo solar y lunar y tu ascen-dente, crear tu carta natal y emprender un camino de autodescubrimiento. Pero eso lo hablaremos en los siguientes capítulos. El mundo de la astrología es in-menso, está abierto a todo el mundo y puede ayudarte a comprender tus puntos débiles, tu comportamiento y la forma en que te relacionas con los demás. También puede ayudarte a descifrar tu pasado y abrir la mente de cara al futuro.

El primer paso de tu camino celeste es fundamental: es el momento de aprender qué es el zodiaco.

Historia del zodiaco

Mucho tiempo antes de que pudiéramos viajar al espacio e incluso de que los telescopios nos permitieran estudiar con detalle mundos más allá del nuestro, los seres humanos observaban el cielo nocturno para saber en qué periodo del año se encontraban y planificaban sus vidas según la posición de las estrellas. Incontables viajeros se fijaban en el cielo para decidir el camino que debían seguir y, en el paso, los marineros confiaban en la bóveda celeste y utilizaban la estrella polar como guía. En el antiguo Egipto, los campesinos sabían predecir la crecida anual del Nilo cuando la llamada «estrella del perro», Sirio, se dejaba ver en julio. Los fenicios observaban la posición del Sol en el cielo para decidir qué caminos escoger y en numerosas culturas pasadas se elaboraban calendarios lunares para llevar un registro de los acontecimientos religiosos.

Aunque el momento exacto de la historia en que se empezó a relacionar los signos del zodiaco con características y comportamientos de los seres humanos continúe siendo todo un misterio, sabemos que el zodiaco se originó como un instrumento para medir el tiempo. Los primeros astrólogos crearon el calendario de los signos del zodiaco trazando las constelaciones en una franja de cielo, dividida en doce segmentos, que cubría la Tierra y en la que se movían el Sol, la Luna y los planetas.

Cada uno de esos doce segmentos comporta un signo

del zodiaco y cada signo se representa con una constelación; además, el Sol tarda aproximadamente un mes
en atravesar su segmento de cielo. Por eso a los signos
del zodiaco también se los conoce como *signos solares*.

Aunque la creación del calendario de los signos del
zodiaco que aún empleamos hoy en día se atribuya a los
antiguos griegos, existen evidencias que confirman que
ya en el año 1500 a. C. los babilonios habían concebido
un conjunto de signos similares a los nuestros.

> ☾ ✳ **¿Por qué el calendario de los signos
> del zodiaco empieza en marzo?**
>
> Los antiguos griegos creían que el primer día de la
> primavera coincidía con aquel en que el Sol entraba en
> la constelación de Aries, lo que marcaba el inicio del
> calendario. Tenía sentido que el año comenzase con los
> primeros brotes verdes que surgían de la tierra tras el
> invierno, lo cual le confería a la primavera el significado
> de un nuevo inicio.

¿Cómo funciona?

Existen numerosas técnicas y aplicaciones astrológicas, pero la más utilizada en Occidente es la astrología moderna o psicológica (puedes consultar el capítulo **Las distintas técnicas astrológicas**, página 31).

Lo primero que tienes que hacer es crear tu carta natal. Hoy en día se puede hacer con bastante facilidad gracias a internet, pero antes de la era tecnológica quienes pretendían buscar respuestas en las estrellas debían navegar entre un sinfín de páginas de volúmenes polvorientos para encontrar la información necesaria para crear una carta astral correcta.

Tu carta natal representa la posición en la que se encontraban las estrellas y los planetas más importantes el día de tu nacimiento. Esta carta constituye la base de cualquier horóscopo o lectura. El astrólogo, o tú mismo cuando hayas aprendido a hacerlo, compara tu carta natal con la posición de las estrellas y de los planetas en algunos momentos claves para comprender tus motivaciones. Conocer el comportamiento de los planetas te da el poder de hacer predicciones sobre el comportamiento de una persona en determinadas situaciones y en un momento concreto. Ninguna de estas predicciones puede considerarse decisiva, pero a muchas personas les tranquiliza tener cierto conocimiento de su propia psique.

Combinando los movimientos planetarios con las características de tu signo solar o zodiacal, las de tu signo lunar y las de tu ascendente (puedes consultar los capítulos **Cómo calcular tu signo lunar**, página 74, y **Cómo calcular tu ascendente**, página 78), además de tener en cuenta tu elemento (puedes consultar el capítulo **Los elementos**, página 27), podrás llegar a conocer qué cosas te llevan a tener determinados comportamientos e incluso a entender por qué algunos rasgos de tu personalidad son tan distintos a los de otras personas de tu círculo social.

Las páginas de este libro te revelarán algunos aspectos de la astrología que te permitirán obtener una visión más clara de ti mismo.

Glosario

Zodiaco: Es un fragmento de la bóveda celeste en el que se mueven el Sol, la Luna y los planetas visibles durante todo el año. El zodiaco está dividido en doce segmentos según las constelaciones que representan los signos solares: Aries, Tauro, Géminis, Cáncer, Leo, Virgo, Libra, Escorpio, Sagitario, Capricornio, Acuario y Piscis.

Signo solar: Es tu signo del zodiaco, determinado por el día de tu nacimiento. Por ejemplo, si naciste el 21 de abril, tu signo solar será Tauro.

Carta natal: Es una «fotografía» de la posición de los planetas el día de tu nacimiento.

Planetas: En astrología, los planetas se refieren a los mismos del sistema solar: Mercurio, Venus, Marte, Júpiter, Saturno, Urano, Neptuno y Plutón (aunque este último ya no venga incluido como parte del Sistema Solar en las clasificaciones más recientes). El Sol y la Luna también se consideran planetas en la astrología moderna.

Casas: Son los doce segmentos del cielo nocturno que se superponen a los signos del zodiaco. Cada una de las casas representa un área diferente de tu vida.

Elementos: A cada uno de los signos solares se le atribuye uno de los cuatro elementos: fuego, agua, aire o tierra.

Signo lunar: Tu signo lunar es el signo del zodiaco en el que se encontraba la Luna el día de tu nacimiento.

Ascendente: Tu ascendente es el signo del zodiaco que estaba surgiendo –o ascendiendo– en el horizonte oriental el día de tu nacimiento.

Retrógrado: Este término hace referencia a una ilusión óptica que hace que parezca que los planetas se mueven en sentido contrario dependiendo de su posición en el cielo nocturno respecto a la Tierra.

Punto medio: Es el punto intermedio entre dos cuerpos celestes sobre tu carta natal.

Horóscopo: Tu horóscopo es un mapa astrológico de la posición en que se encontraban el Sol, la Luna y los planetas en un momento concreto en relación con tu signo solar, lunar y ascendente. Este mapa puede ayudarte a comprender acontecimientos pasados o asesorarte de cara a sucesos futuros.

Tu signo solar

Signo solar es simplemente otra manera de llamar a tu signo del zodiaco. Año tras año, la Tierra da una vuelta completa alrededor del Sol y pasa aproximadamente un mes dentro de cada uno de los doce signos del zodiaco. El signo solar viene determinado por tu día de nacimiento: el signo por el que transitaba el Sol en ese momento es el que te corresponde astrológicamente y puede ser Aries, Tauro, Géminis, Cáncer, Leo, Virgo, Libra, Escorpio, Sagitario, Capricornio, Acuario o Piscis.

Por ejemplo, es imposible ser un Aries «puro», dado que los demás planetas tendrían que haberse encontrado en el mismo segmento de tu signo durante tu nacimiento, lo que nunca podría ocurrir debido a sus órbitas y a la distancia que existe entre ellas. Sin embargo, como el Sol se considera el cuerpo celeste más influyente del horóscopo, tu signo solar es una fuente valiosa de la que puedes aprender mucho sobre ti mismo.

Aun así, para obtener un cuadro completo, es necesario estudiar la influencia del Sol y de los otros planetas sobre tu horóscopo, dentro del cual los elementos más importantes serán el ascendente y el signo lunar. Si todavía no sabes cuáles son tus signos, aprenderás a calcularlos en las próximas páginas.

Estos elementos esenciales de tu carta natal (puedes consultar el capítulo **Ejemplo de carta natal**, página 67) te ayudarán a descubrir los secretos cósmicos de tu carácter y de tu funcionamiento interno.

Cómo determinar tu signo solar

Identificar tu signo solar es sencillo.
Busca el periodo en el que cae el día de
tu cumpleaños en la lista de abajo:

Aries	21 de marzo – 20 de abril
Tauro	21 abril – 21 de mayo
Géminis	22 de mayo – 21 de junio
Cáncer	22 de junio – 22 de julio
Leo	23 de julio – 23 de agosto
Virgo	24 de agosto – 22 de septiembre
Libra	23 de septiembre – 23 de octubre
Escorpio	24 de octubre – 22 de noviembre
Sagitario	23 de noviembre – 21 de diciembre
Capricornio	22 de diciembre – 20 de enero
Acuario	21 de enero – 18 de febrero
Piscis	19 de febrero – 20 de marzo

Los signos

Aries (21 de marzo – 20 de abril)

Símbolo: carnero
Elemento: fuego
Planeta dominante: Marte

Los nacidos bajo el signo de Aries son valientes y resueltos, pero también pueden ser algo infantiles, impacientes e impulsivos. Son resolutivos, directos y son capaces de tomar decisiones fácilmente y con claridad. Son líderes natos y, al igual que el carnero, defienden con obstinación su independencia. Les encanta ir en busca de emociones, con pura alegría de vivir.

Tauro (21 de abril – 21 de mayo)

Símbolo: toro
Elemento: tierra
Planeta dominante: Venus

Los Tauro son pacientes y fiables y están dotados de gran perseverancia. Demuestran una profunda lealtad hacia la familia y los amigos y su fuerza y su tranquila determinación son fuente de inspiración para los demás. A los Tauro no les gustan los cambios y no soportan cuando alguien les mete prisa. Anhela estabilidad y la comodidad de su hogar. En las relaciones, busca seguridad emocional; a lo mejor le lleva un poco de tiempo encontrarla, pero cuando sucede se esfuerza como nadie para mantenerla.

Géminis (22 de mayo – 21 de junio)

Símbolo: dos gemelos
Elemento: aire
Planeta dominante: Mercurio

Los nacidos bajo el signo de Géminis son personas alegres y optimistas, aunque también curiosas y racionales. Son excelentes comunicadores y son increíblemente sociables, siempre dispuestos a interactuar con cualquier persona que se encuentren. El elemento de dualidad que los caracteriza puede llevarlos a tener dos lados muy distintos en su personalidad y poseen una vena cambiante y superficial que deben esforzarse por tener bajo control. En sus relaciones, buscan vivacidad y tienen un talento único para encontrar cosas en común con todo el mundo.

Cáncer (22 de junio – 22 de julio)

Símbolo: cangrejo
Elemento: agua
Planeta dominante: Luna

Los nacidos bajo el signo de Cáncer son almas atentas, inmensamente protectoras con sus amigos y seres queridos. Tal y como el animal que los representa, el cangrejo, ocultan su sensibilidad bajo un caparazón muy duro. Como son testarudos y resueltos, puede ser difícil convencerlos de que renuncien a algo que se han propuesto. También pueden ser algo polémicos, pero en su lado más íntimo les fluye una vena de profunda bondad.

Leo (23 de julio – 23 de agosto)

Símbolo: león
Elemento: fuego
Planeta dominante: Sol

Los nacidos bajo el signo de Leo siempre están buscando atención, aunque saben llenar de energía a los que los rodean. Para ellos no existe nada mejor que tener un público que los adore y que esté orgulloso de su propia exuberancia. Destacan por su creatividad y su organización y a menudo consiguen transmitir esta segunda característica a quienes llevan una vida más bien caótica, incluso cuando nadie se lo pide. Suelen adoptar el rol dominante en sus relaciones, pero siempre traen consigo generosidad, calor y bondad.

Virgo (24 de agosto – 22 de septiembre)

Símbolo: mujer joven
Elemento: tierra
Planeta dominante: Mercurio

Los Virgo siempre están en movimiento, se esfuerzan más que los demás signos y suelen buscar la perfección. Son personas prácticas, organizadas y cuidadosas y siempre están dispuestas a brindar ayuda y consejos para ayudar a los demás. Aunque en las relaciones son amables y pacientes, los nacidos bajo el signo de Virgo pueden necesitar validación para ganar confianza en sí mismos y conseguir tener una actitud más relajada.

Libra (23 de septiembre – 23 de octubre)

Símbolo: balanza
Elemento: aire
Planeta dominante: Venus

Los nacidos bajo el signo de Libra utilizan sus habilidades diplomáticas para conseguir paz y armonía en todas las áreas de sus vidas. Cuando tienen que tomar una decisión, reflexionan durante mucho tiempo y a menudo buscan que los demás los aconsejen para orientarse mejor. Estas personas encantadoras tienden a evitar situaciones estresantes y buscar la felicidad en el equilibrio. En las relaciones son románticos y generosos, por lo que tienen expectativas muy altas en el amor.

Escorpio (24 de octubre – 22 de noviembre)

Símbolo: escorpión
Elemento: agua
Planeta dominante: Plutón

Escorpio es uno de los signos más emocionales del zodiaco y uno de sus rasgos más característicos son los celos que los nacidos bajo este signo deben esforzarse por contener. Sin embargo, combinada con una gran fuerza de voluntad, esta emoción puede llevarlos a conseguir cualquier objetivo que se propongan. Los nacidos bajo el signo de Escorpio gozan de una energía inagotable y a menudo consiguen grandes logros. Además, su profunda capacidad de pensamiento analítico los empuja a encontrar la raíz de sus problemas. En las relaciones, cuando se fijan en alguien, hacen lo posible por obtener lo que quieren y son sumamente fieles.

Sagitario (23 de noviembre – 21 de diciembre)

Símbolo: arquero
Elemento: fuego
Planeta dominante: Júpiter

Los nacidos bajo el signo de Sagitario adoran ir en busca de emociones, siempre están preparados para los desafíos y para la aventura. Su entusiasmo y optimismo pueden ser contagiosos, por lo que suelen ser muy queridos por los demás, que aprecian su compañía y sus ganas de vivir. En las relaciones detestan sentirse limitados. Su mente inquieta y su espíritu independiente los llevan a aburrirse con facilidad y suelen necesitar que sus relaciones se mantengan frescas e interesantes.

Capricornio (22 de diciembre – 20 de enero)

Símbolo: cabra
Elemento: tierra
Planeta dominante: Saturno

Los nacidos bajo el signo de Capricornio son realistas y afrontan las situaciones de manera lógica. Les gustan la calma y la constancia y se van moviendo tranquilamente hacia sus objetivos con serenidad y sin prisa. Poseen un sentido del humor único y, en sus relaciones amorosas, son personas leales y cariñosas.

Acuario (21 de enero – 18 de febrero)

Símbolo: portador de agua
Elemento: aire
Planeta dominante: Urano

Los nacidos bajo el signo de Acuario a menudo son personas excéntricas y poseen un estilo único. Son muy amigables y, a veces, incluso puede parecer que están demasiado disponibles. Cuando conocen gente nueva, sienten una auténtica curiosidad por saber sobre ellos, lo que los lleva a hacer una avalancha de preguntas sobre sus vidas mientras ocultan las propias tras un halo de misterio. Son independientes y necesitan su propio espacio, por lo que puede resultarles difícil mantener relaciones duraderas.

Piscis (19 de febrero – 20 de marzo)

Símbolo: dos peces
Elemento: agua
Planeta dominante: Neptuno

Los nacidos bajo el signo de Piscis son personas amables y dispuestas a hacer lo que sea por parecer amigables y generosas con los demás. Este bondadoso signo es el abanderado de la compasión y la comprensión y los Piscis no temen mostrar sus sentimientos, abrirse y compartir sus emociones con quienes realmente les importan. En las relaciones pueden ser excesivamente afectuosos y siempre están listos para expresar sus sentimientos.

Los elementos

Los doce signos solares están divididos en cuatro grupos, cada uno de ellos representado por un elemento. Los tradicionalistas creen que estos elementos esenciales constituyen la materia de la que está hecha el universo. Fuego, aire, agua y tierra se consideran los cuatro principios de la vida y corresponden a su vez a los cuatro principios de la psique. Conociendo el elemento de nuestro signo podremos adentrarnos aún más a fondo en las características que lo definen.

Fuego
Aries, Leo y Sagitario

Los signos de fuego son inteligentes, vivaces, artísticos y apasionados. Confían enormemente en su sentido de la independencia y no evitan expresar su opinión. Siempre llenos de optimismo, los signos de fuego son muy trabajadores y no temen la presión que pueda suponer tener un puesto de poder.

Tierra
Tauro, Virgo y Capricornio

Los signos de tierra prestan mucha atención a los detalles. Son personas prácticas y con los pies en la tierra, aunque también saben mirar hacia el futuro y empezar a construirlo con antelación. Los nacidos bajo los signos de tierra son personas sencillas y a menudo se los llama los «jardineros del zodiaco», en parte por el cuidado y la atención que dedican a su familia y amigos.

Aire
Géminis, Libra y Acuario

Los nacidos bajo los signos de aire son criaturas sociales, saben leer el ambiente de cualquier situación y entablar conversaciones interesantes. Son ingeniosos y divertidos y, al mismo tiempo, saben escuchar cuando alguien necesita de un oído amigo.

Agua
Cáncer, Escorpio y Piscis

Los signos de agua están en sintonía con sus emociones y son empáticos y considerados con los demás. Siempre están dispuestos a ofrecer su ayuda y a dar la cara cuando es necesario. Cuentan con gran imaginación y también pueden ser tranquilos y reflexivos.

El quinto elemento

Algunas fuentes occidentales creen en la existencia de un quinto elemento, conocido en latín como *quinta essentia*, es decir, quintaesencia, espíritu o «éter». A menudo se ignora este elemento, porque describe el alma o el ser espiritual del individuo y está separado del resto. A pesar de que algunas aplicaciones astrológicas tienen en cuenta el quinto elemento cuando analizan los signos, no aparece representado en el horóscopo.

Las distintas tradiciones astrológicas

A lo largo de los siglos, muchas culturas de todo el mundo han desarrollado su propia tradición y sistema astrológico. Es fascinante ver cómo surgieron y cómo difieren con el resto.

Occidental

En Occidente, el sistema astrológico más comúnmente utilizado es el que ha derivado de la antigua tradición astrológica basada en los doce signos del zodiaco. Este sistema abarca la cultura popular en la forma más común de los horóscopos de los signos solares, que se centran en el comportamiento y las motivaciones humanas, y se guía por las doce constelaciones asociadas a los doce signos.

Maya

La astrología maya se basa en un antiguo y complejo almanaque conocido por el nombre de Tzolkin, que consta de veinte signos diarios y trece números galácticos. El calendario se compone de doscientos sesenta días y suele utilizarse para sugerir acontecimientos futuros e identificar distintas características de las personas. En lugar de los elementos, el sistema astrológico maya utiliza las direcciones –Norte, Este, Sur y Oeste–, atribuyendo a cada una diversos significados y asignando a cada signo diario una dirección.

Védica

La astrología védica o *jyotisha* proviene de las antiguas tradiciones indias y es una de las formas de astrología más remotas practicadas en Oriente. Aunque los zodiacos védico y occidental sigan más o menos los doce signos, tienen fechas diferentes; por ejemplo, Aries va del 13 de abril al 14 de mayo y Tauro del 15 de mayo al 14 de junio (en vez de ser del 21 de marzo al 20 de abril para Aries y del 21 de abril al 21 de mayo para Tauro). Esto se debe a que la astrología védica se basa en las posiciones fijas y observables de las constelaciones, mientras que la astrología occidental pone el foco en el movimiento de la Tierra sobre su eje durante miles de años y se basa en la posición variante del Sol.

China

Este sistema se basa en los ciclos lunares y en el poder de los cinco elementos: madera, fuego, tierra, metal y agua. A partir de la antigua filosofía china y el concepto del yin y el yang, cada año está asociado a un animal y a un elemento.

Las distintas técnicas astrológicas

Existen numerosas prácticas astrológicas diferentes, pero las que se exponen a continuación son algunas de las más utilizadas en todo el mundo.

La astrología moderna

También conocida como *astrología psicológica*, es el tipo de astrología más popular en Occidente y la técnica que se expone en este libro. Se trata de una práctica con muchas capas de profundidad, pero en términos simples la astrología moderna estudia la posición de los planetas según tu carta natal –es decir, la «fotografía» de los planetas y de las estrellas el día de tu nacimiento– y utiliza esta información para entender tus comportamientos, personalidad y rasgos de carácter. Alan Leo fue un astrólogo británico muy aclamado que reavivó la práctica de la astrología entre finales del siglo XIX e inicios del XX tras su declive a finales del siglo XVII. Generalmente se considera a Leo, que empleaba su signo como pseudónimo, el «padre de la astrología moderna» por la manera en que contribuyó a desviar la atención de la predicción del futuro para centrarla en la exploración de los comportamientos y de la personalidad desde un punto de vista psicológico.

La astrología horaria

La técnica de la astrología horaria se basa en antiguas tradiciones helenísticas y tiene por objetivo responder a una pregunta creando un horóscopo para el momento en el que se hace. El astrólogo solo proporciona una respuesta simple, es decir, o un «sí» o un «no».

La astrología mundial

La astrología mundial estudia el efecto que tienen los planetas sobre grupos de personas, lugares o países. Esta rama de la astrología se centra en acontecimientos significativos de la historia para tratar de comprenderlos delineando la carta natal para cada momento histórico. De esa manera, es posible configurar un horóscopo para explicar cómo podrían afrontar o reaccionar las personas a situaciones determinadas.

La astrología electiva

La astrología electiva estudia el momento óptimo para hacer que suceda un acontecimiento basándose en la posición de los planetas. Un astrólogo podría, por ejemplo, aconsejarte que te cases en el momento en que Venus, el planeta del amor y de la armonía, esté alineado con la posición del planeta de tu carta natal.

La astrología de las relaciones

Esta rama de la astrología valora el grado de compatibilidad de dos personas en el amor. El astrólogo estudia las cartas astrales de cada persona para ver cuánto congeniarían. Existen dos métodos. El primero es la *sinastría*, que compara ambas cartas natales al mismo tiempo, mientras que el segundo, el *método compuesto*, mide los puntos medios de los planetas de las cartas natales de ambas personas para configurar una nueva carta para la pareja, que después se interpreta desde cero.

La astrología tradicional

Hasta el siglo XX y la introducción de la astrología moderna, la mayor parte de las ramas de la práctica venían considerándose «tradicionales». Esta forma se basa en las previsiones y utiliza solo los siete «planetas» visibles a simple vista, es decir, el Sol, la Luna, Mercurio, Venus, Marte, Júpiter y Saturno.

La astrología locativa

La astrología locativa examina la carta natal para determinar el lugar en que el sujeto debería vivir o pasar tiempo. Según la posición de ciertos planetas con respecto a los del sujeto, es posible obtener consejo sobre dónde debería vivir o pasar unas vacaciones. Si, por ejemplo, quisieras saber el destino ideal para realizar un viaje, un astrólogo podría ver la posición de Venus (que representa el placer) y de Júpiter (que representa los viajes a larga distancia) para deducir cuál sería el lugar ideal. Esta técnica también se conoce como *astrocartografía*.

La astrología médica

La astrología médica concierne a la salud de una persona, por lo que el astrólogo utiliza la carta natal de un individuo para descubrir la causa de determinadas enfermedades. Los problemas de salud, los tratamientos o el área o áreas del cuerpo en que se manifiesta malestar corresponden a posiciones específicas de los planetas.

¿Ciencia ficción?

En la actualidad, la astrología moderna está más extendida que nunca y las nuevas generaciones aplican cada vez más sus prácticas para intentar comprender mejor sus vidas. Y la tienen muy en cuenta: un sondeo realizado por la National Science Foundation en los últimos años ha revelado que más de la mitad de los *millennial* considera que la astrología es una ciencia.

¿Cómo puede ayudarte la astrología?

La astrología no sirve para predecir el futuro ni para describir tu personalidad de maneras muy concretas; lo que sí puede hacer es mostrarte el poder de algunos de tus rasgos y de determinados acontecimientos que podrían producirse. La astrología puede ayudarte a descubrir tus capacidades en calidad de ser humano y cómo sacarles el máximo provecho a los momentos más desafiantes o llenos de oportunidades. La astrología no niega el libre albedrío, ya que no estamos controlados por los planetas; en cambio, los planetas crean determinadas atmósferas y condiciones que puedes aprender a utilizar a tu favor.

Cuando logres entender por qué te comportas de determinada manera y aprendas a reconocer tus miedos y deseos, te sentirás más a gusto contigo mismo y con tu mundo. Un mejor autoconocimiento te hará tener una mayor consciencia de tus acciones y sus motivaciones.

**LA ASTROLOGÍA
ES UN LENGUAJE.
SI LO APRENDES,
EL CIELO TE HABLARÁ.**

DANE RUDHYAR

Segunda parte

Te presento a Libra

Si has nacido bajo el signo de Libra, el séptimo del zodiaco, te dedicas a mantener la paz. Aspiras a tener armonía y equilibrio en todos los aspectos de la vida y te esfuerzas por ayudar a los demás a alcanzar la misma serenidad. Eres generoso, sincero y justo y la gente te adora por ello. También eres encantador, ingenioso y sociable, tienes un círculo de amigos en constante expansión y una vida social muy ajetreada. Estás tan concentrado en complacer a los demás que a menudo te olvidas de cuidar de ti mismo, pero con un poco de tiempo para reflexionar puedes encontrar el equilibrio.

En las siguientes páginas abordaremos las cosas que más te motivan en todos los ámbitos de tu vida, desde la carrera profesional y la economía, el amor y las relaciones con amigos y familiares hasta la salud y el bienestar. También veremos con qué signos eres compatible, descubriremos qué significados esconden para ti los planetas y aprenderemos qué cosas pueden ser un obstáculo para ti y cuáles son, en cambio, tus puntos fuertes.

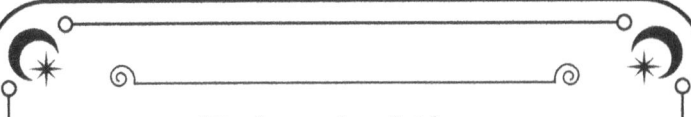

Ficha de Libra

Fecha: 23 de septiembre – 23 de octubre

Representación: balanza de dos platos

Símbolo: ♎

Rasgos de carácter: sociable, fascinante y servicial

Parte del cuerpo: muslos

Elemento: aire

Planeta dominante: Venus

Color: rosa

Piedra natal: zafiro (septiembre) ópalo (octubre)

Cristales asociados: ojo de tigre, amatista, piedra de heliotropo

Chakra: corazón

Curiosidades

- Libra es el séptimo signo del zodiaco; va precedido de Virgo y seguido de Escorpio. Es el segundo signo de aire, junto a Géminis y Acuario.

- El símbolo de este signo es una balanza de dos platos.

- Junto a Aries, Cáncer y Capricornio, es uno de los cuatro signos cardinales, que dan la bienvenida a los cambios de estación.

- La constelación de Libra es la única que representa un objeto inanimado en lugar de una persona o animal.

- La formación estelar de Libra linda con las constelaciones «cabeza de serpiente»: Hidra, Centauro, Lobo y Ofiuco.

- Las estrellas que componen la constelación de Libra son poco luminosas, por lo que pueden ser difíciles de ver. La más luminosa es la estrella azul Zubeneschamali, que se encuentra a ciento sesenta años luz de la Tierra.

- Otras estrellas destacables de la constelación de Libra son la estrella binaria Zubenelgenubi o «Pinza Sur», la gigante naranja Gamma Librae y la gigante roja Brachium, también conocida como «el brazo».

Historia de Libra

En la mitología griega, Libra estaba estrechamente ligada con Virgo, el signo zodiacal que lo precede. La leyenda relaciona a Libra con la diosa de la justicia, Temis, segunda mujer de Zeus y madre de Astrea, a la que el padre de los dioses convirtió en la constelación de Virgo.

Temis era una titánide, es decir, uno de los doce hijos de Gea y Urano, y representaba la justicia y el orden divino. A menudo se la llama «diosa del buen consejo» y se la representa con una balanza en una mano, al igual que a Astrea en algunas imágenes.

Temis tenía dotes proféticas y también estaba vinculada al oráculo de Delfos. Según el mito, fue la primera en enseñar a los hombres el concepto de mortalidad y las primitivas leyes de la justicia. Los devotos acudían al tempo de Delfos para rogarle que reparara las injusticias cometidas. La diosa era una promotora de la equidad y la justicia, pero si necesitaba castigar llamaba a su compañera Némesis (cuyo nombre deriva del griego antiguo y significa 'repartir') para que dictara la sentencia que correspondía. Formaban un equipo: Temis establecía las leyes y Némesis se encargaba de hacer que no se incumplieran.

¿Qué dicen los planetas sobre Libra?

Uno de los aspectos más interesantes de la astrología es poder saber lo que nos dicen los planetas cuando pasan por tu signo solar en el zodiaco. Puedes encontrar previsiones sobre los tránsitos planetarios en varias páginas web, como esta: astrosage.com/transits (en inglés). Nota: como son planetas exteriores, Urano, Neptuno y Plutón se mueven mucho más lento ¡y tardan cientos de años en pasar por los doce signos del zodiaco! Por eso, los datos que te pueden dar son mucho más vagos y menos personales que los de otros planetas.

El Sol: Objetivo. La armonía y el equilibrio son los elementos claves en tus relaciones y en tus expresiones creativas.

La Luna: Instinto. Para tener una sensación de bienestar estable necesitas estar en un ambiente tranquilo y prefieres dar todo de ti en una relación antes que estar solo.

Mercurio: Comunicación. Eres magnético y persuasivo con los demás y te aseguras de que todo el mundo reciba la dosis justa de tu atención.

Venus: Amor. Atraes a las personas por tu encanto y tu elegancia. En las relaciones buscas equidad y una pizca de magia.

Marte: Acción. Cuando una situación te parece injusta, eres el primero en intentar restablecer el orden utilizando la calma y la razón.

Júpiter: Oportunidad. Podrías encontrar el éxito en una carrera que ponga a prueba tus habilidades sociales. Viajar junto a tu pareja te dará grandes alegrías.

Saturno: Autoridad. Tu capacidad de ser justo e imparcial es un don que te será de gran utilidad en tu trabajo. Sabes hacerte valer y subir de rango y cuando llegas a la cima luchas por mejorar las cosas.

Urano: Cambio. Urano representa los cambios improvisados, la innovación y el progreso de la ciencia y de la tecnología.

Neptuno: Imaginación. Neptuno refleja intuición, estilo y belleza. Nos impulsa a hacernos preguntas importantes cuando nos encontramos en busca de nuevos caminos de vida.

Plutón: Poder. Plutón nos enseña a considerar una visión más general, sin preocuparnos por las cosas pequeñas. Debido a la exagerada lentitud con la que orbita, puede llevarle de doce a treinta años atravesar un signo y tardar hasta doscientos cuarenta y ocho años en recorrer todo el zodiaco. Por eso, Plutón suele aparecer en las cartas natales de generaciones enteras, motivo por el que se lo conoce como «el planeta generacional».

(2060) Quirón

Algunas ramas de la astrología también tienen en cuenta el movimiento de (2060) Quirón, un planeta menor del sistema solar exterior cuya órbita se encuentra entre Saturno y Urano. Este planeta, descubierto en 1977, nos habla de la autoestima, una cualidad que promueve la sanación de heridas mientras buscas tu propia independencia dentro de la situación que te esté tocando vivir.

Características y rasgos de personalidad de Libra

El símbolo de este signo, la balanza de dos platos, representa el equilibrio y la armonía, justo lo que buscas en la vida.

Pasas mucho tiempo preocupándote por los demás y por las cosas que te rodean. Estás dotado de una gran empatía y las innumerables injusticias que hay en el mundo pueden resultarte insoportables.

Te gustaría que allá adonde fueras hubiera más amabilidad y probablemente dedicarás tu tiempo libre a las causas que te importan, con ganas de corregir los errores del universo y restablecer el sentido de la justicia.

Tu signo es el más sincero del zodiaco. Dices las cosas como son y tus amigos saben que tus consejos vienen directamente de tu corazón y de tu gran sabiduría.

Tu capacidad para comprender los motivos de las distintas partes de cualquier discusión o debate, incluso a la hora de elegir un restaurante, es admirable, pero tu indecisión puede frustrar a tus conocidos.

Tu magnetismo te hace popular y la gente te considera una buena persona, un amigo en el que confiar por su férrea conducta moral. Tus seres queridos saben ver tu lealtad y están seguros de que todo irá bien mientras estés a su lado.

Puntos fuertes y retos
de Libra

Puntos fuertes

Tu imparcialidad te permite dar lo mejor de ti en profesiones que te ponen al servicio de personas con opiniones dispares. Tu capacidad para promover la justicia es un punto fuerte importante.

Eres un mediador excelente. Cuando dos amigos o familiares discuten, sabes cómo rebajar las tensiones.

Tienes un encanto que hace que a la gente le encante estar a tu lado. A ti también te gusta estar con gente y siempre logras congeniar con todos, en cualquier situación.

Retos

Tu capacidad para ver las dos caras de cualquier situación es un don, pero también puede llevarte a ser extremadamente indeciso. Reflexionar y sopesar todas las opciones es sensato, pero a veces la primera cosa que se te viene a la mente es la solución correcta. En tu agenda siempre das prioridad a los demás y muchas veces te olvidas de pensar en ti mismo. Tómate un poco de tiempo de vez en cuando para cuidarte como es debido y asegurarte de que tienes todo lo que para ti es necesario.

Intereses, preferencias
y manías de Libra

Intereses

Tu mente creativa necesita desahogarse, por lo que es probable que tengas varios pasatiempos. Ya sea tejer, hacer ganchillo, cerámica o pintar, siempre intentas dedicarte a algo que tenga una utilidad práctica.

Te gusta la jardinería para poner a prueba tu don verde cada vez que puedes y es increíblemente satisfactorio y terapéutico para ti ver crecer los frutos de tu trabajo.

El bricolaje creativo también es una de tus actividades favoritas y te gusta dejar huella en tu hogar haciendo grandes cambios o añadiendo un toque personal a tu oasis de paz.

Preferencias

Te gusta estar enamorado. Bueno, la verdad es que a todo el mundo le gusta, pero a los Libra les encanta sobremanera enamorarse, tanto que a veces permanecen solteros poquísimo tiempo antes de encontrar una nueva pareja a la que colmar de gestos románticos. Tu agenda siempre está llena de cosas porque eres un verdadero animal social que enlaza un recado con otro y que llena su calendario de aficiones y actividades de todo tipo.

Detestas las injusticias y siempre tratas de eliminar cualquier tipo de desigualdad en todas las situaciones. Luchas en favor de la justicia y sabes empujar a los demás hacia el éxito cuando necesitan algo de motivación.

Si alguien pretende aprovecharse de ti, te das la vuelta y te vas. Sabes lo que vales y, aunque siempre buscas complacer a los demás, también reconoces cuando alguien se pasa.

Estilo de comunicación de Libra

Los nacidos bajo el signo de Libra son sociables y se comunican de forma clara y concisa, expresándose con calma y coherencia. Por eso, obtienes el respeto incluso de las personas que tienen opiniones completamente diferentes a las tuyas. Tratas de ponerte siempre en el lugar de los demás sin juzgarlos, una cualidad admirable que la gente sabe apreciar.

Eres agradable y educado y te sientes a gusto en fiestas o eventos destinados a hacer contactos. En las celebraciones de bodas, te pones a hablar con todo el mundo, mostrando una sonrisa a menudo inolvidable. Cuando alguien se pasa de la raya, lo despachas con racionalidad serena y exponiendo los hechos. Tienes tacto y diplomacia y, en vez de montar escándalos, siempre intentas calmar las situaciones ofreciendo un punto de vista optimista. Ni que decir tiene que sueles buscar el compromiso de una vida tranquila, pero cuando algo te parece injusto no te avergüenzas de decirlo.

Haces amigos con facilidad y disfrutas de la compañía de los demás en todos los ámbitos de tu vida, incluido el trabajo, donde te relacionas con mucha gente todos los días. No te gusta la soledad y prefieres estar siempre ocupado, pero también es importante que te dediques algo de tiempo a ti mismo para reflexionar y mantener ese equilibrio vital tan importante.

Compatibilidad de Libra con otros signos

Recuerda que estas observaciones son orientativas y tienen sus excepciones: el zodiaco sigue sus propios caminos misteriosos, por lo que, aunque tu signo pueda ser aparentemente incompatible con el de un ser querido, no significa que debas terminar con esa amistad o que no pueda ir a más. Como siempre, el zodiaco no es más que una guía.

Aries: Los Aries suelen sentirse fascinados por los Libra, aunque estos a menudo consideran a los Aries demasiado egocéntricos.

Tauro: Tanto Tauro como Libra adoran la paz y la armonía y les encanta pasar tiempo juntos y tranquilos.

Géminis: Estos dos signos son igual de creativos, pero Géminis puede tener a Libra esperando hasta frustrarlo.

Cáncer: El carácter tan sociable de Libra puede ser demasiado para Cáncer, que es muy hogareño, pero cuando logran encontrar un equilibrio estos dos signos arrasan.

Leo: Leo es un signo que no se deja cautivar tan fácilmente, pero Libra tampoco cesa en sus encantos. Ambos son muy sociables y se divierten mucho cuando están juntos.

Virgo: Para Libra, Virgo puede parecerle alguien muy duro y de ahí pueden surgir muchas tensiones entre ambos. Aun así, desde el punto de vista espiritual, se encuentran en la misma onda y con un poco de esfuerzo pueden llegar a lograr una unión de lo más armónica.

Libra: Dos personas nacidas bajo este signo pueden formar una pareja demasiado ocupada, aunque una dosis doble de encanto y amabilidad puede contribuir a formar algo realmente especial.

Escorpio: Libra y Escorpio se confunden mutuamente, por lo que las cosas entre ellos suelen progresar muy lentamente. Estos dos signos pueden llegar a ser amigos antes de ir un poco más allá.

Sagitario: A veces los Sagitario pueden resultar muy bruscos para los Libra, pero los Libra admiran de Sagitario su manera de querer hacer siempre lo correcto.

Capricornio: Libra y Capricornio pueden formar una pareja muy exitosa. Si su relación dura mucho tiempo, sabrán formar una familia feliz.

Acuario: La mezcla de estas dos mentes creativas puede ser realmente maravillosa y ambos signos encuentran en el otro una conexión en varios ámbitos de la vida.

Piscis: Ambos son bastante indecisos, lo que les puede causar frustración. Aun así, seguramente entre ellos haya mucha pasión en la cama.

Relaciones, amistades
y familia para Libra

Las amistades y la familia son realmente importantes para las personas nacidas bajo el signo de Libra. Eres una criatura social y adoras rodearte de las personas a las que quieres. Haces amigos con facilidad y cuentas con una amplia y variada red de conocidos que te admiran y aprecian tu compañía. Haces que muchas personas confíen en ti: eres la persona a la que acuden cuando necesitan que alguien los escuche y sepa darles consejos imparciales. Todo el mundo aprecia tu inmensa sabiduría y la gente sabe que puede contar contigo cuando las cosas no salen según lo esperado. Eres el pegamento que mantiene unido al grupo y a menudo también eres el organizador que hace que las cosas sucedan; la gente te adora por ello y disfrutan de las experiencias que les regalas.

En la familia, eres el portador de la paz, el árbitro de las discusiones. Siempre tienes en cuenta los sentimientos de todo el mundo y te aseguras de que no quede ningún rencor al final del día. Cuando sucede un drama, eres la primera persona a la que llama tu familia. Todo el mundo quiere saber tu opinión acerca de todas las situaciones que ocurren y sobre lo que deberían hacer al respecto. A veces tener que saber siempre qué decir puede pesarte, pero sigue tu instinto y tomarás la decisión acertada.

El amor y el sexo
en Libra

Si has nacido bajo este signo, eres muy cariñoso y detestas estar solo, por lo que vas saltando de relación en relación en busca de tu alma gemela, dándote pausas brevísimas entre una historia y la siguiente. Eres interesante y despreocupado y te encanta complacer a tu pareja, lo que te convierte en una persona muy atractiva con la que quedar. Pero ten cuidado de que no se aprovechen de ti. Sueles ser la primera persona en ceder, buscando siempre un equilibrio armonioso dentro de la relación, lo cual es admirable y te hace la vida más fácil. Pero, si empiezas a sentir que estás haciendo demasiados sacrificios, tal vez sea el momento de replantearte la situación.

Esa justicia innata que tanto te distingue hace que vayas directo al grano con tu pareja: dices las cosas tal y como son, eres sincero hasta la médula. Con un Libra siempre hay transparencia absoluta. Sin embargo, también eres uno de los signos más románticos del zodiaco y no escatimas cuando quieres dar muestras de afecto y regalos. El lugar donde Libra se suelta de verdad es el dormitorio, donde puede dar rienda suelta a la experimentación y a la aventura, por lo que necesita una pareja que sepa seguirle el juego. Tu naturaleza generosa destaca en la cama, pero esperas recibir el mismo trato a cambio: al fin y al cabo, es lo justo.

> **SIN LA ASTROLOGÍA, SE PODRÍA DECIR QUE EL HOMBRE CAMINA EN EL CREPÚSCULO DE LA IGNORANCIA.**
>
> Luke Dennis Broughton

El trabajo y el éxito
en Libra

Si has nacido bajo el signo de Libra, probablemente seas elegante y atractivo y tal vez te interese apostar por una profesión en la que estas cualidades te resulten útiles; por ejemplo, como figura pública o en un trabajo que requiera estar en contacto con clientes. Esto significa que te sueles sentir cómodo ante un público: en una sala de reuniones, en un escenario, en un tribunal o en una mesa de profesor.

Aportas equilibrio a tu lugar de trabajo y tu carácter tranquilo y sereno te permite ascender fácilmente hasta puestos en los que dirigirás a muchas personas. Eres un jefe educado y justo y tus compañeros siempre respetan tus decisiones y a ti. Tu fuerza está en tus dotes diplomáticas y es posible que trabajes en el campo legal o en el activismo, luchando por la justicia y los derechos de las personas.

Pero tu vena creativa también podría llevarte por otros caminos, como la música, la fotografía, el arte o el espectáculo. Las personas nacidas bajo el signo de Libra que siguen caminos como estos experimentan una gran alegría cuando notan que otras personas aprecian el trabajo que han hecho. Al fin y al cabo, muchos de ellos sienten que han venido a este mundo para complacer a quienes los rodean.

El dinero y la riqueza en Libra

En términos de dinero, tu indecisión puede llevarte en dos direcciones opuestas. Algunos Libra son tan prudentes que nunca se gastan nada en compras no esenciales y siempre tienen un pequeño fondo ahorrado para posibles momentos difíciles; otros, en cambio, dudan durante mucho tiempo sobre las grandes decisiones financieras y terminan perdiendo oportunidades o toman decisiones impulsivas y se ponen a gastar como si no hubiera mañana para arrepentirse al día siguiente y desear no haberlo hecho nunca. Si has nacido bajo este signo, también es posible que seas un amante del lujo y que te concedas bienes y servicios de alta calidad, tanto si puedes permitírtelos como si no.

Lo mejor que puedes hacer es buscar asesoramiento financiero para evitar indecisiones o comportamientos impulsivos de los que después podrías arrepentirte. Ante las grandes decisiones de la vida, no tengas miedo de pedir ayuda si te sientes inseguro. Haz listas y lleva cuentas para controlar tus ingresos y tus gastos y sigue las orientaciones de los profesionales.

Salud y bienestar
en Libra

La vida ajetreada que llevas y tu constante necesidad de cuidar de los demás te pueden llevar a sobrecargarte y a no darte los descansos necesarios. Es importante que sepas parar y cuidar de ti mismo en el momento adecuado, incluso cuando crees que no lo necesitas. Incluir algunas clases de yoga en tu día a día puede hacer maravillas en tu mente y en tu cuerpo, activándolos y dándote tiempo y espacio para respirar. Si consigues organizarte, entre cinco y diez minutos al día de meditación guiada te vendrán genial.

Hacer ejercicio al aire libre de manera regular también puede servirte de gran ayuda si te gusta estar en contacto con la naturaleza. Abraza todas las actividades que le hacen bien a tu alma: sal a la naturaleza y date una vuelta por el campo o la montaña. También puedes probar a darte «baños de bosque», una forma de terapia natural que se originó en Japón y que consiste en caminar o estar en la naturaleza para establecer una conexión consciente con el entorno. Esta práctica garantiza numerosos beneficios para nuestra salud física y mental.

Otra manera de sacarle provecho a la naturaleza es nadar en aguas abiertas o frías. Ya son muchos los apasionados a los baños en ambientes naturales que afirman sentirse recargados de energía para todo el día después de un baño en un entorno natural y desde siempre se piensa que las inmersiones en agua fría son excelentes para nuestro físico.

Tercera parte

Tu horóscopo y tú

Ahora ya puedes empezar a poner en práctica los nuevos conocimientos que tienes sobre ti mismo: es el momento de crear tu carta natal. A lo largo de las siguientes páginas aprenderás a configurarla y, sobre todo, a interpretarla. A primera vista puede parecer algo complejo, pero no te preocupes, porque este capítulo contiene toda la información e indicaciones necesarias para saber cómo hacerlo. Te va a guiar paso a paso. Desde tu ascendente hasta tu signo lunar, pasando por significados ocultos de los planetas y las casas, estás a punto de descubrir los misterios del cielo estrellado.

La astrología para la adivinación y como guía

Configurando tu carta natal para descubrir las posiciones de los planetas y de los signos del zodiaco y en qué casas astrológicas se encontraban en el momento de tu nacimiento, puedes llegar a obtener un profundo conocimiento sobre ti mismo. Gracias a esta visión general, vas a poder comprender aún más a fondo tus motivaciones y las razones detrás de tus comportamientos. También vas a poder visualizar un cuadro más claro de la persona que podrías llegar a ser en el futuro, qué cosas te esperan y cómo podrías sacarle el máximo partido.

Tanto si te sientes incomprendido como si necesitas un poco más de claridad, la bóveda celeste sabrá servirte de apoyo. Si tienes decisiones importantes que tomar en el horizonte, puedes recurrir a la astrología para encontrar respuestas y tranquilidad. Aunque no pueda darte soluciones concretas, la astrología siempre podrá proporcionarte elementos sobre los que reflexionar y con los que relacionarte.

Las casas abarcan numerosos aspectos de tu vida y los planetas y signos del zodiaco se basan en tu personalidad: ¡el cielo y las estrellas te proporcionarán un auténtico enfoque integral!

En las siguientes páginas aprenderás a configurar tu carta natal (gracias a internet y a la tecnología, es mucho más sencillo que en el pasado) y a comprender el significado de los segmentos y de los símbolos, verás cómo se calculan el ascendente y el signo lunar y profundizarás en el conocimiento de los planetas y las casas, en su influencia en tu vida y en cómo interpretar sus significados.

Qué hacer y qué no hacer

Qué hacer

- Recuerda que la astrología es solo una guía.

- Piensa bien antes de tomar decisiones importantes.

- Dirígete a un astrólogo experto si tu lectura te preocupa o si necesitas alguna aclaración.

Qué no hacer

- No te tomes las cosas demasiado al pie de la letra: lo que vas a obtener no son más que interpretaciones útiles para que puedas encontrar un significado respecto a tu vida.

- No tengas prisa: sigue tu ritmo y todo se irá viendo cada vez con mayor claridad.

- No te obsesiones con los resultados que obtengas: mañana será otro día y las cosas podrían cambiar.

UN NIÑO NACE
EL DÍA Y A LA HORA
EN QUE LOS RAYOS
CELESTES ESTÁN
EN ARMONÍA MATEMÁTICA
CON SU KARMA INDIVIDUAL.

Sri Yukteswar

Cómo configurar
tu carta natal

Para configurar tu carta natal, simplemente debes saber el día y el lugar de tu nacimiento. No obstante, es necesario conocer la hora exacta.

Si no la sabes, pregúntasela a tus familiares, consulta los registros médicos o busca en tu diario de nacimiento si tus padres hicieron uno, porque es imposible (¡imposible!) configurar una carta natal exacta sin esta información.

A veces también conocida como *carta astral*, tu carta natal es una fotografía de la posición de los planetas y las estrellas que había en el cielo en el momento exacto de tu llegada a la Tierra. Se trata de una disposición única e irrepetible y puede ser una guía muy valiosa para tu viaje hacia una mejor autocomprensión.

En el pasado, configurar una carta natal era un proceso laborioso, pero gracias al poder de internet ahora puedes obtener una en pocos minutos. Puedes visitar la página astro.com (en inglés) y escoger una de las cartas natales gratuitas, de las más simples a las más complejas. Incluso la carta natal más «simple» te parecerá indescifrable en un primer momento, pero después le pillarás el truco.

TimePassages (disponible en inglés) es una aplicación de pago muy fácil de usar con la que podrás configurar tu carta natal y, si deseas profundizar aún más, también podrás leer los horóscopos cotidianos basados en tu información personal y en los tránsitos astrológicos. También puedes utilizarla para comparar tu carta natal con la de un amigo o un compañero.

Ejemplo
de carta natal

Los símbolos

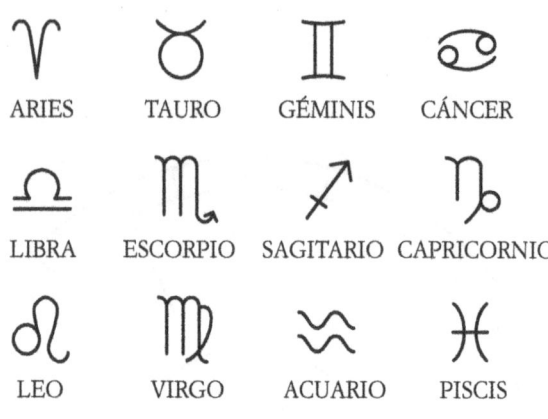

ARIES TAURO GÉMINIS CÁNCER

LIBRA ESCORPIO SAGITARIO CAPRICORNIO

LEO VIRGO ACUARIO PISCIS

Los planetas

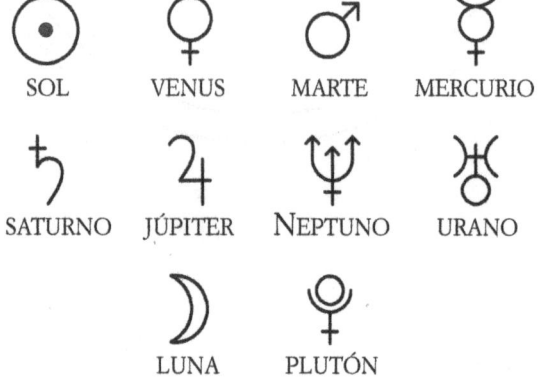

SOL VENUS MARTE MERCURIO

SATURNO JÚPITER NEPTUNO URANO

LUNA PLUTÓN

Cómo leer tu carta natal

Cuando se estudia una carta natal, se recomienda hacerlo con una mentalidad abierta. Sé flexible, imaginativo y estate dispuesto a afrontar los desafíos que te presenta. Explora el poder que te ofrece la lectura y mantente abierto incluso a los consejos más inesperados.

Ya hemos hablado sobre los signos del zodiaco, así que en las próximas páginas comenzaremos a estudiar los planetas y las casas, que son los elementos más importantes de las cartas natales. Alrededor de la rueda externa encontrarás los doce signos del zodiaco, mientras que los doce segmentos internos superpuestos a ellos son las casas.

La línea que atraviesa el centro de la rueda representa el horizonte, donde «AC» es el ascendente o el Sol levante y «DC» constituye el signo descendente. En la línea vertical, «MC» representa el medio cielo o zénit, mientras que «IC» es el *imum coeli* o fondo del cielo.

Y ahora vamos a descubrir qué significa todo esto. Sigue las instrucciones de las páginas siguientes para descubrir cómo.

Los planetas

Observa la posición de todos los planetas de tu carta natal. La forma más sencilla de explicar su significado es que los planetas te responden a la pregunta *qué*, mientras que el signo por el que transita cada uno te dice el cómo y el porqué y la casa en la que aparece el planeta representa el área de tu vida para la que es relevante. Al ser el séptimo signo del zodiaco, Libra rige la séptima casa y, por lo tanto, esta casa en particular está asociada con la energía de Libra. Si observamos el ejemplo de la carta natal de la página 67, vemos a Saturno transitando por Escorpio y la séptima casa, que simboliza las relaciones. En este caso, Saturno puede representar el compromiso, mientras que Escorpio aporta intensidad, lo que indica quizás el encuentro con una persona a la que aprecias mucho.

Vínculos entre planetas

Los vínculos entre dos o más planetas en la carta natal pueden revelar más significados. El hemisferio superior de la carta representa tu vida pública, mientras que el hemisferio inferior se corresponde con tu vida privada. La mitad Oeste representa la libertad, mientras que el lado Este constituye el destino. La presencia de más planetas sobre un lado respecto al otro influirá en tu lectura.

Nodos lunares

Los nodos lunares están representados por los símbolos ☊ y ☋. Corresponden a los puntos de encuentro entre la Luna y la eclíptica o trayectoria del Sol. Cada carta natal cuenta con un nodo Norte y un nodo Sur, cada uno en un extremo. Dado que el nodo Sur representa tu pasado, quién fuiste, tu comportamiento instintivo y tu zona de confort, a veces no viene indicado en las cartas natales, sino que suele estar reservado a las lecturas astrológicas relativas a momentos sucesivos de la vida. En cambio, el nodo Norte representa lo opuesto al nodo Sur: la dirección que deberías emprender en la vida, tus aspiraciones y los desafíos que podrías tener que afrontar como incentivos para tu crecimiento personal. Los signos zodiacales en los que caen estos dos nodos indican cómo deberían aparecer estas características pasadas y futuras.

Por ejemplo, en la carta natal de la página 67, el nodo norte cae en Sagitario, lo que sugiere que en tu futuro viajarás y enseñarás a otros.

**LA BÓVEDA ESTRELLADA
DEL CIELO ES EN VERDAD
EL LIBRO ABIERTO DE LA
PROYECCIÓN CÓSMICA.**

CARL GUSTAV JUNG

Cómo descubrir
tu signo lunar

Tu signo lunar viene indicado por el signo astrológico a través del cual la Luna estuviera transitando en el momento de tu nacimiento. La Luna tarda dos días y medio en atravesar cada uno de los signos, por lo que le lleva alrededor de un mes completar un ciclo pasando por todos los signos del zodiaco.

El signo lunar es importante porque habla de tu naturaleza emotiva: tus miedos, tus deseos, tus obsesiones y todo lo que se encuentra en medio de todo eso. A menudo se lo llama «el alma de tu identidad», la parte de tu subconsciente que permanece oculta y que tal vez no conozcas tan bien. Descubrir tu signo lunar puede ayudarte a hacer uso de estos rasgos para comprenderte mejor.

Algunas personas definen el signo lunar como nuestro «niño interior», nuestro centro emocional más íntimo. Puede tener un gran impacto en tu estado de ánimo y en la manera en que tus emociones salen a la superficie.

Seguramente ya conozcas tu signo solar, pero para tener una visión más amplia sobre ti mismo resulta esencial saber también cuál es tu signo lunar. De no hacerlo, podrías sentirte incompleto.

Cómo calcular tu signo lunar

En el pasado, si querías saber cuál era tu signo lunar, tenías que buscar tu fecha y hora de nacimiento en una efeméride astrológica, es decir, un gran compendio de tablas que muestran, entre otros valores astronómicos, la posición de la Luna y otros cuerpos celestes según los días, los meses y los años. Sin embargo, puedes leer tu signo lunar en tu carta natal. Por ejemplo, en la carta natal de la página 67, el signo lunar cae en Géminis, lo que sugiere que siempre estás buscando información y que te gusta aprender cosas nuevas.

En cualquier caso, no es necesario configurar una carta natal para saber cuál es tu signo lunar. Puedes consultar fácilmente en una calculadora en línea. Tendrás que saber la hora exacta de tu nacimiento, dado que solo unos cuantos minutos de diferencia podrían situarte en otro signo distinto.

Entender tu signo lunar

Aries: Tienes un ánimo impaciente que afronta la vida a buen ritmo. Puede resultarte complicado hacer planes para el futuro cuando solo logras concentrarte en lo que está sucediendo en el presente.

Tauro: Tómate las cosas lentamente y con prudencia, conservando la calma y prestando atención a los detalles. Físicamente, sientes la necesidad de mantener a las personas cerca de ti.

Géminis: Das lo mejor de ti cuando se trata de aprender y asimilar cosas nuevas, tanto a través de la interacción con los demás como leyendo libros.

Cáncer: La seguridad es muy importante para ti y tienes un profundo instinto que te impulsa a proteger también a los que te rodean.

Leo: Te gusta sentirte elogiado y buscas validación donde vayas. Te desvives por cultivar tus talentos y sabes ayudar a los demás a descubrir los suyos.

Virgo: Sabes cuidar de ti mismo y de los demás de manera muy práctica. El bienestar es importante para ti y el autocuidado es una de tus prioridades.

Libra: Te encanta estar acompañado y te atraen las personas con las que puedes hacer amistad fácilmente. El bienestar es tu máxima prioridad, sobre todo en términos de calma y paz.

Escorpio: Muestras tus emociones como un libro abierto y puede resultarte difícil contenerlas. Intenta hacer ejercicio físico a un ritmo elevado si sientes la necesidad de deshacerte de ciertos sentimientos.

Sagitario: Te gusta tener tu espacio y ser libre de hacer las cosas a tu manera. Prefieres viajar solo y gestionar tus emociones sin la ayuda de los demás.

Capricornio: Te encanta la rutina: te gusta tener una estructura que te ayude a gestionar el día a día, además de sentir que lo tienes todo bajo control.

Acuario: No te gusta seguir a las masas, siempre prefieres explorar caminos alternativos. Para ti, el sentido de pertenencia a una comunidad es importante, porque te gusta rodearte de personas que piensan como tú.

Piscis: A veces tus propias emociones y las de los demás te confunden. Por eso, a menudo la solución ideal es que te tomes un poco de tiempo para ti.

¿Qué es el ascendente?

Tu ascendente o «Sol levante» es la constelación que estaba surgiendo en el horizonte oriental en el momento de tu nacimiento ¡y es tan importante como tu signo solar! Al igual que ocurre con los signos solares, existen doce signos ascendentes, desde Aries hasta Piscis. Mientras que el signo solar refleja la personalidad, tu ascendente tiene que ver con tus acciones.

Tomando como ejemplo la carta natal de la página 67, al tener Libra como signo solar, es probable que seas diplomático y encantador, y con el ascendente en Tauro, podrías actuar con determinación y lealtad (puedes consultar el capítulo **Los signos**, en la página 21, para una visión panorámica de todos los signos del zodiaco y sus características).

Tu ascendente está asociado a la primera casa de tu carta natal (puedes consultar el capítulo **Entender las casas de tu carta natal**, en la página 82, para ver las descripciones de las casas), por lo que está relacionado con nuevos inicios y con tu identidad personal. Mientras que tu signo solar representa un cuadro más amplio, tu ascendente representa la superficie de tu personalidad, algo así como una primera impresión de ti.

Cómo calcular tu ascendente

Hoy en día, solo necesitas hacer una búsqueda en internet para saber cuál es tu ascendente, pero en el pasado los astrólogos necesitaban papel y bolígrafo para calcularlo.

Tu ascendente depende de la hora a la que hayas nacido y es esencial para una carta natal precisa. El ascendente cambia con frecuencia a lo largo del día, por lo que es necesario que sepas la hora exacta de tu nacimiento. ¿Nunca te ha ocurrido que algún apasionado de la astrología te preguntara con insistencia a qué hora habías nacido? ¡Pues ya sabes por qué era! Los doce signos del zodiaco van sucediéndose a lo largo de las veinticuatro horas del día; por eso cada uno dispone de una franja de dos horas en la que podrías situar tu hora de nacimiento. Si naciste de madrugada, tu signo solar también se corresponderá con el ascendente.

Dos Géminis nacidos con quince minutos de diferencia podrían tener ascendentes distintos, por lo que tanto sus cartas natales como sus personalidades podrían diferir notablemente. Puedes servirte de todos estos datos observando tu carta natal, pero si buscas una respuesta rápida puedes calcular tu ascendente aquí: astrosofa.com/ascendant (en inglés).

Cómo calcular tu descendente

El descendente es el signo que se estaba ocultando en el horizonte occidental en el momento de tu nacimiento. Se encuentra directamente en el lado opuesto de tu ascendente, en la séptima casa, que representa las relaciones (puedes consultar el capítulo **Entender las casas de tu carta natal**, en la página 82, para ver las descripciones de las casas).

El descendente revela tus deseos, con qué personas congenias y qué personas te atraen. Representa los obstáculos externos que constituyen desafíos diarios y deseos que no llegas a resolver. Tu signo descendente es importante para comprender tu forma de comportarte en las relaciones y refleja experiencias que pueden ayudarte a identificar los problemas que existen en una relación laboral.

Por ejemplo, en la carta natal de la página 67, el descendente es Escorpio, lo que sugiere que eres decidido, enérgico y te atraen las parejas misteriosas y apasionadas. Para descubrir tu descendente, consulta tu carta natal o utiliza el mismo enlace que has utilizado para el ascendente, desplazándote hacia abajo para leer tu perfil astrológico completo: astrosofa.com/ ascendant (en inglés).

Entender los planetas de tu carta natal

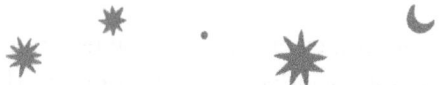

Los planetas reflejan una parte de nuestra psique, así que tenemos mucho que aprender para poder comprender bien su significado. Los planetas indican cómo reaccionamos ante las personas y las situaciones que comprenden nuestros sueños y nuestros deseos. No te preocupes si en alguna de las casas de tu carta natal no hay ningún planeta, ¡es bastante común! Cada planeta gobierna un signo, que frecuenta con más regularidad. Sírvete de los datos de debajo para interpretar tu carta natal y vuelve a la página 21 para leer el significado específico que cada planeta tiene para tu signo.

El **Sol** representa nuestro ego, nuestra voluntad y determinación y atraviesa todos los signos del zodiaco en el lapso de un año.

La **Luna** refleja esa parte de nosotros que permanece oculta, nuestros recuerdos y nuestras emociones internas. Pasa por un nuevo signo cada dos días y medio.

Mercurio es el planeta de la comunicación, de las noticias y de los viajes. También puede estar relacionado con los rumores y los cotilleos.

Venus es el planeta del amor, del romanticismo, de la sensualidad y de la belleza. Nos ayuda a entender nuestro amor hacia los demás, pero también hacia las cosas.

Marte es el planeta de la energía, de la acción y del conflicto.

Saturno es el planeta del esfuerzo y de la estabilidad. También simboliza las limitaciones que nos vienen impuestas.

Júpiter representa el crecimiento espiritual y nos ayuda a comprender ciertos problemas emocionales que pudiéramos tener.

A **Neptuno** a menudo se lo conoce también como la «poesía del alma», porque representa nuestras emociones más profundas y la creatividad.

Urano simboliza la rebelión y la lucha por la justicia, tanto en nuestras vidas a nivel personal como a escala global.

Plutón está relacionado con el cambio y cómo este nos permite crecer y lograr nuestros sueños. Es el planeta que nos obliga a afrontar nuestros miedos y superarlos.

Entender las casas
de tu carta natal

Tu carta natal está dividida en doce secciones que corresponden a los signos solares del zodiaco y en otros doce segmentos superpuestos llamados *casas*. Cada casa representa un aspecto diferente de tu vida cotidiana, desde tu carrera profesional hasta los viajes, el amor o cualquier otro. Cada uno de los planetas de tu carta natal se encuentra en un signo solar o en una casa y sus posiciones son fundamentales para descifrar tu carta natal y comprender mejor cómo funcionas por dentro. Las casas son complejas y tienen muchísimos significados. En las siguientes páginas encontrarás algunas nociones introductorias, pero si quieres profundizar un poco más puedes consultar el capítulo **Recursos**, en la página 123.

PRIMERA CASA: personalidad

Esta es la casa del yo: representa a tu persona, el cuerpo con el que naciste y tu temperamento. Esta casa simboliza nacimiento y nuevos comienzos y revela nuestra visión de la vida y cómo nuestros primeros encuentros han influido en nosotros y han dado forma a nuestro mundo. Cuando los planetas se mueven en esta casa, nuestros objetivos se manifiestan y empiezan a formarse nuevas ideas.

Planetas en esta casa

Sol – Crecimiento personal
Luna – Sentimientos profundos
Mercurio – Relaciones
Venus – Belleza
Marte – Fuerza
Júpiter – Optimismo
Saturno – Visión a largo plazo
Urano – Individualidad
Neptuno – Atracción
Plutón – Control

Signos zodiacales en esta casa

Aries – Motivación
Tauro – Equilibrio
Géminis – Comunicación
Cáncer – Protección
Leo – Acción
Virgo – Orden
Libra – Elegancia
Escorpio – Autodefensa
Sagitario – Visión
Capricornio – Planificación
Acuario – Lucidez
Piscis – Imaginación

SEGUNDA CASA: bienes y dinero

Esta casa se corresponde con los bienes materiales y con la riqueza personal. Habla sobre tu comportamiento en términos de dinero. También ofrece una idea de ti en relación con las finanzas: tal vez sean una fuente de preocupación, o puede que se te dé bien ahorrar, o quizá tiendas a la frivolidad y gastes muy rápido. Además, en esta casa encontraremos todo lo que para ti tiene un valor, incluido cómo te valoras a ti mismo.

Planetas en esta casa

Sol – Independencia
Luna – Seguridad
Mercurio – Comunicación
Venus – Sensualidad
Marte – Ambición
Júpiter – Autoconfianza
Saturno – Templanza
Urano – Cambio
Neptuno – Caridad
Plutón – Supervivencia

Signos zodiacales en esta casa

Aries – Motivación personal
Tauro – Acumulación
Géminis – Ligereza
Cáncer – Posesividad
Leo – Orgullo
Virgo – Moderación
Libra – Equidad
Escorpio – Intimidad
Sagitario – Frivolidad
Capricornio – Planificación
Acuario – Compartición
Piscis – Generosidad

TERCERA CASA: comunicación

Esta casa te cuenta tu manera de comunicarte con las personas que te rodean. Representa la forma en que te expresas y construyes relaciones con los demás –ya sean amigos, familiares, compañeros, vecinos u otras personas de un círculo más amplio– y, cuando los planetas se mueven en esta casa, puedes recabar información sobre tu red interpersonal. La tercera casa también pone el foco en el aspecto lingüístico de tu comunicación y de tu manera de relacionarte con tus hermanos.

Planetas en esta casa

Sol – Lenguaje
Luna – Educación
Mercurio – Relaciones
Venus – Armonía
Marte – Competición
Júpiter – Optimismo
Saturno – Autoridad
Urano – Determinación
Neptuno – Intuición
Plutón – Aprendizaje

Signos zodiacales en esta casa

Aries – Rivalidad
Tauro – Aprendizaje
Géminis – Relaciones
Cáncer – Protección
Leo – Autoconfianza
Virgo – Organización
Libra – Equidad
Escorpio – Educación
Sagitario – Aventura
Capricornio – Planificación
Acuario – Racionalidad
Piscis – Imaginación

CUARTA CASA: hogar y familia

La cuarta casa hace referencia a tu hogar, ese lugar que consideras tu refugio o donde se encuentra tu familia. Son los lugares en los que sientes pertenencia y seguridad, tus oasis de paz. En este caso no solo se corresponde con tus familiares, sino a la familia que eliges: amigos, seres queridos y personas de tu comunidad. Esta casa habla de tu relación con la figura materna (o con las figuras maternas) de tu vida y de las situaciones en las que nos sentimos queridos y cuidados.

Planetas en esta casa

Sol – Identidad
Luna – Intimidad
Mercurio – Conversación
Venus – Paz
Marte – Conflicto
Júpiter – Viaje
Saturno – Estabilidad
Urano – Independencia
Neptuno – Lugar sagrado
Plutón – Renovación

Signos zodiacales en esta casa

Aries – Rivalidad
Tauro – Seguridad
Géminis – Lealtad
Cáncer – Protección
Leo – Orgullo
Virgo – Deber
Libra – Diplomacia
Escorpio – Intimidad
Sagitario – Hospitalidad
Capricornio – Organización
Acuario – Comunidad
Piscis – Música

QUINTA CASA: creatividad y placer

Esta casa está relacionada con el tiempo libre, con las historias de amor y con esos pequeños portadores de felicidad y descendencia en el mundo: los niños. Tiene que ver con todo lo que te da placer y te regala felicidad, ya sea un proyecto creativo, la sensación de volver a confiar en ti mismo tras un logro profesional o la emoción de conocer a alguien. También es la casa del riesgo, así que, si te gusta apostar o eres un apasionado de los deportes extremos, toma nota.

Planetas en esta casa

Sol – Atención
Luna – Alegría
Mercurio – Impulsividad
Venus – Comunicación
Marte – Competición
Júpiter – Fertilidad
Saturno – Estrategia
Urano – Originalidad
Neptuno – Arte
Plutón – Transformación

Signos zodiacales en esta casa

Aries – Acción
Tauro – Arraigo
Géminis – Vínculo romántico
Cáncer – Cuidado de los demás
Leo – Felicidad
Virgo – Humildad
Libra – Perfección
Escorpio – Lealtad
Sagitario – Viajes
Capricornio – Prudencia
Acuario – Valor
Piscis – Romanticismo

SEXTA CASA: salud y bienestar

Además de con la salud y con el bienestar, esta casa también tiene que ver con tus rutinas. Puedes consultar esta casa si tienes la necesidad de simplificar tu agenda diaria. Mientras que la primera casa hacía referencia al cuerpo con el que naciste, esta se corresponde con el cuerpo que has ido desarrollando a lo largo de tu vida. El autocuidado, el equilibrio entre el trabajo y la vida privada y la salud física y mental están en esta casa.

Planetas en esta casa

Sol – Objetivo
Luna – Hospitalidad
Mercurio – Red de contactos
Venus – Unidad
Marte – Movimiento
Júpiter – Satisfacción
Saturno – Construcción
Urano – Cambio
Neptuno – Música
Plutón – Alimentación

Signos zodiacales en esta casa

Aries – Productividad
Tauro – Calma
Géminis – Destreza
Cáncer – Cuidado de los demás
Leo – Autoridad
Virgo – Detalle
Libra – Diplomacia
Escorpio – Actividad
Sagitario – Libertad
Capricornio – Atención
Acuario – Equidad
Piscis – Estructura

SÉPTIMA CASA: relaciones

Justo en el lado opuesto de la primera, la séptima casa refleja las relaciones que pueden cambiarnos la vida, no solo en lo romántico, sino todas las relaciones significativas que vas creando. Esta casa se centra en los aspectos negativos y positivos de esas relaciones y te brinda consejos para cuando puedas tener desacuerdos con alguno de tus seres queridos.

Planetas en esta casa

Sol – Individualidad
Luna – Sensibilidad
Mercurio – Comprensión
Venus – Valor
Marte – Resolución
Júpiter – Motivación
Saturno – Esfuerzo
Urano – Independencia
Neptuno – Anhelo
Plutón – Transformación

Signos zodiacales en esta casa

Aries – Equidad
Tauro – Estabilidad
Géminis – Variedad
Cáncer – Sentimiento
Leo – Deseo
Virgo – Arraigo
Libra – Compromiso
Escorpio – Intensidad
Sagitario – Compañía
Capricornio – Atención
Acuario – Habilidades de apoyo
Piscis – Altruismo

OCTAVA CASA: sexo, muerte y transformación

En esta casa experimentamos los lados más oscuros de la vida –crisis emocionales, pérdidas y momentos bajos–, así como los rituales, las pruebas y las dificultades de nuestra existencia. Esta casa refleja también las relaciones románticas más intensas y nuestra capacidad para adaptarnos a la naturaleza cambiante de nuestras vidas. Nos enseña que tenemos que abrazar el compromiso, aceptar el cambio y aprender a sacar poder y fuerza interior de las pérdidas que experimentamos.

Planetas en esta casa

Sol – Exploración
Luna – Intuición
Mercurio – Confidencialidad
Venus – Diplomacia
Marte – Capacidad decisoria
Júpiter – Positividad
Saturno – Límites
Urano – Lucidez
Neptuno – Relaciones
Plutón – Poder

Signos zodiacales en esta casa

Aries – Impulsividad
Tauro – Inversión
Géminis – Exploración
Cáncer – Intimidad
Leo – Éxito económico
Virgo – Fatalidad
Libra – Equidad
Escorpio – Lujuria
Sagitario – Riesgo
Capricornio – Independencia
Acuario – Racionalidad
Piscis – Entusiasmo

NOVENA CASA: filosofía y aventura

Esta casa mira hacia lo que todavía desconocemos, hacia lo que se encuentra más allá del horizonte. En ella también tienen cabida los viajes y la educación superior: las personas con planetas en la novena casa de su carta natal a menudo son extremadamente curiosas y aventureras cuando se trata de viajes. Esta casa habla de territorios inexplorados y curiosidad, de la búsqueda de una mejor autocomprensión, pero también de fe y de política.

Planetas en esta casa

Sol – Autoconfianza
Luna – Ganas de viajar
Mercurio – Lenguaje
Venus – Creatividad
Marte – Temeridad
Júpiter – Aprendizaje
Saturno – Prudencia
Urano – Luminosidad
Neptuno – Espiritualidad
Plutón – Educación

Signos zodiacales en esta casa

Aries – Independencia
Tauro – Paciencia
Géminis – Curiosidad
Cáncer – Relaciones
Leo – Lujo
Virgo – Disposición
Libra – Equidad
Escorpio – Educación
Sagitario – Falta de límites
Capricornio – Ambición
Acuario – Comunidad
Piscis – Escape

DÉCIMA CASA: carrera

Esta casa no solo tiene que ver con tus aspiraciones profesionales, sino también con tu estatus social y con la forma en que los demás te aprecian. Si tienes planetas en la décima casa de tu carta natal, sin duda eres una persona ambiciosa en el trabajo y sientes un enorme placer al socializar. Si sientes que te encuentras en una fase de estancamiento, esta casa puede servirte de guía. Cuando los planetas orbitan en esta casa, significa que se aproximan cambios laborales en el horizonte.

Planetas en esta casa

Sol – Identidad
Luna – Amabilidad
Mercurio – Red de contactos
Venus – Diplomacia
Marte – Competición
Júpiter – Oportunidades
Saturno – Responsabilidades
Urano – Independencia
Neptuno – Creatividad
Plutón – Influencia

Signos zodiacales en esta casa

Aries – Espíritu emprendedor
Tauro – Lealtad
Géminis – Variedad
Cáncer – Amor por ver crecer a los demás
Leo – Habilidad para autopromocionarse
Virgo – Creatividad
Libra – Diplomacia
Escorpio – Determinación
Sagitario – Realización
Capricornio – Organización
Acuario – Trabajo en equipo
Piscis – Compasión

UNDÉCIMA CASA: amistad

En esta casa se sitúa nuestro círculo social más cercano y es donde encontramos nuestro lugar en las redes interpersonales de nuestras vidas. Aquí vemos representados la amistad, el trabajo en equipo y los objetivos comunes, así como nuestra red de apoyo, los conocidos y la manera en que pasamos nuestro tiempo con las personas que nos rodean. En esta casa aparecen nuestros valores sociales y políticos y nuestra capacidad para trabajar con los demás.

Planetas en esta casa

Sol – Compartición
Luna – Extroversión
Mercurio – Red de contactos
Venus – Atracción
Marte – Competición
Júpiter – Mente abierta
Saturno – Esfuerzo
Urano – Libertad
Neptuno – Sacrificio personal
Plutón – Emancipación

Signos zodiacales en esta casa

Aries – Energía
Tauro – Constancia
Géminis – Diversidad
Cáncer – Seguridad
Leo – Habilidades de liderazgo
Virgo – Amabilidad
Libra – Armonía
Escorpio – Fuerza
Sagitario – Iniciativa
Capricornio – Control
Acuario – Equidad
Piscis – Comprensión

DUOCÉDIMA CASA: sacrificio

A menudo definida como la casa del inconsciente, se la conoce también como «la oscuridad antes del amanecer»: oculta justo bajo el horizonte, completa el círculo de casas antes de que el ciclo vuelva a comenzar. El «inconsciente» nos habla de todas las cosas que carecen de forma física: los sueños, las emociones, los secretos... En esta casa, los planetas adquieren un carácter sobrenatural y se reconocen tus buenas acciones.

Planetas en esta casa

Sol – Objetivo
Luna – Compasión
Mercurio – Imaginación
Venus – Reflexión personal
Marte – Valentía
Júpiter – Generosidad
Saturno – Dedicación
Urano – Libertad
Neptuno – Caridad
Plutón – Aceptación

Signos zodiacales en esta casa

Aries – Iniciativa
Tauro – Relajación
Géminis – Ambición
Cáncer – Amabilidad
Leo – Creatividad
Virgo – Atención a los demás
Libra – Equilibrio
Escorpio – Intuición
Sagitario – Escape
Capricornio – Estructura
Acuario – Recarga
Piscis – Límites

Cuarta parte

Cómo cuidar de ti mismo con ayuda de la astrología

Todos necesitamos cuidarnos a nosotros mismos, y la astrología puede orientarte hacia las prácticas más adecuadas para tu signo solar y tus características. Como Libra, buscas constantemente el equilibrio y la armonía, siempre comprometido con mantener la paz y asegurarte de que los demás estén bien. Pero ¿cómo estás tú? Pasas tanto tiempo cuidando de los demás que a veces te olvidas de ti mismo. Para quererte a ti mismo, tendrás que aprender a relajarte profundamente, especialmente por la noche, para asegurarte de caer en un sueño reparador y despertarte tranquilo a la mañana siguiente. Descubrirás que la meditación y el yoga pueden contribuir mucho a tu bienestar. ¿Cuál es la mejor manera de reducir el estrés? En las próximas páginas encontrarás algunas ideas que te indicarán los métodos más adecuados para ti.

La astrología como guía de las mejores prácticas para ti

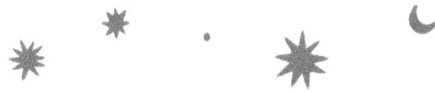

Al adaptar la manera en que cuidas de ti mismo a tu signo del zodiaco, puedes aumentar de verdad el poder regenerativo de cada práctica.

Merece la pena investigar un poco para sacarle el mayor provecho a tu tiempo libre y al descanso. En yoga existen diversas posturas que ofrecen mayores beneficios a un signo que a otro según tu personalidad y tu forma de comportarte. También puedes sacarles partido a los cristales que corresponden a tu signo solar, que harán que tu energía fluya con mayor libertad.

En las siguientes páginas, encontrarás los mejores rituales para cuidar de ti mismo según tu signo zodiacal: tarots y cristales, cuerpos celestes y chakras, técnicas de relajación y el tipo de actividad física más adecuado para ti.

Como Libra, necesitas calma y equilibrio para funcionar al máximo. Cuando el caos se cuela en tu vida, no puedes tomarte un respiro y esto puede tener un impacto en tu salud física y mental.

Tómate un tiempo para ti mismo y dedícate tiempo para relajarte y disfrutar de un poco de tranquilidad.

Intenta incluir cinco o diez minutos de meditación guiada en tu día para recuperar la sensación de paz y equilibrio. O bien anota tus pensamientos y deseos en un diario para revisarlos más tarde, cuando tengas la mente más despejada.

Qué hacer y qué no hacer

Qué hacer

- Sigue tu ritmo: cuidar de ti mismo no es una carrera.

- Haz cosas que te hagan sentir bien: no todas las sugerencias te sentarán igual.

- Deja que estos consejos te ayuden a cambiar malos hábitos.

Qué no hacer

- No te exijas más de la cuenta: si tienes una lesión leve y las indicaciones sugieren que hagas un ejercicio intenso, sáltatelo hasta que te sientas mejor.

- No renuncies a cosas que te gustan solo porque no vienen mencionadas entre las específicas para tu signo.

- No corras riesgos si algo no te parece adecuado para ti: debes sentirte seguro y cómodo en todo momento.

**NO SOMOS MÁS QUE
LAS PELOTAS DE TENIS
DE LAS ESTRELLAS, LANZADAS
Y GOLPEADAS A SU GUSTO.**

JOHN WEBSTER

Rituales relajantes y antiestrés para Libra

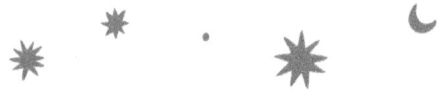

Si has nacido bajo el signo de Libra, te encanta socializar y podrías estar hablando toda la noche, pero también es importante disfrutar de la calma y el silencio para alejar realmente el estrés. Si te cuesta dormir porque los malos pensamientos te rondan por la cabeza, descubrirás que buscar momentos de tranquilidad te ayudará a mejorar la situación y probablemente te permitirá conseguir el sueño profundo que necesitas para funcionar al máximo.

Después de un día duro, es difícil calmar una mente activa, así que intenta acostarte temprano para asegurarte un sueño reparador y establece una rutina nocturna que te ayude a relajarte. Rocía lavanda en la almohada y en toda la habitación, apaga los dispositivos electrónicos al menos una hora antes de dormir y ponte cómodo con un buen libro o una revista.

Si te cuesta conciliar el sueño, puedes probar Calm, una aplicación que puede ayudarte a reducir el estrés y aliviar la ansiedad con meditación guiada, cuentos para dormir y sonidos relajantes. Apuesto a que no llegarás al final de los cuentos, porque te encontrarás sumido en un sueño profundo. Puedes probar la versión gratuita para ver si la aplicación te funciona antes de suscribirte.

Escribir en tu diario puede formar parte de tu rutina nocturna: este proceso ayuda a mantener a raya los malos pensamientos, fijándolos en la página antes de dormir. Intenta anotar cada noche tres cosas por las que estás agradecido: pueden ser pequeños acontecimientos que hayan ocurrido durante el día o partes más importantes de tu vida. Descubrirás que cuanto más lo hagas, más positividad aportarás a tu vida.

Posturas de yoga
para Libra

Los beneficios del yoga son muy variados: mejora la flexibilidad del cuerpo, aumenta la fuerza y el tono muscular, es una inyección de energía, estimula la circulación, favorece un sueño profundo y otorga una sensación zen de relajación.

Las posturas de yoga que se describen a continuación son ideales para ti. Si deseas profundizar en esta disciplina, prueba los estilos Kundalini o Iyengar para un enfoque más amplio.

Asegúrate de calentar siempre antes de realizar actividad física y no te exijas demasiado. Si es la primera vez que practicas yoga, considera apuntarte a una clase con un profesor experto.

Postura del guerrero II

Esta postura de enraizamiento o de conexión con la tierra sirve para aumentar la fuerza y la resistencia en piernas y tobillos, además de en los hombros, los cuádriceps y el tronco.

Sobre la esterilla, separa los pies aproximadamente un metro de distancia el uno del otro. Gira el pie derecho unos noventa grados hacia fuera y lleva el izquierdo hacia dentro. Extiende los brazos a la altura de los hombros y flexiona la rodilla derecha para alinearla a la altura del tobillo. Pon todo tu peso sobre las caderas, ladea la cabeza hacia la derecha y mantén la postura, disfrutando de esa sensación de extensión. Cuando te sientas preparado, cambia de lado y repite el proceso..

Postura del árbol

Ponte sobre una esterilla con los pies juntos, pon todo el peso en uno de ellos y extiende los dedos. Eleva lentamente el otro pie y apoya la planta sobre el interior del muslo o la pantorrilla, pero ten cuidado de no presionar contra la rodilla. Une las palmas de las manos en el centro del pecho. Si notas que te empiezas a tambalear, concéntrate en un punto fijo, como el suelo, para ayudar a mantener el equilibrio.

Para ir un poco más allá con la postura, puedes llevar las manos en posición de oración sobre la cabeza. Levanta la barbilla y disfruta del estiramiento durante varios ciclos respiratorios. Después, repite la postura cambiando el lado de la pierna.

Postura del barco

Esta postura exige equilibrio y concentración, pone a prueba la fuerza de los músculos del tronco y ayuda a tomar conciencia sobre nuestro cuerpo en su conjunto. También fortalece las caderas y los músculos lumbares, que dan soporte a la columna vertebral.

Siéntate en la esterilla con las piernas estiradas hacia delante. Apoya las manos en el suelo, justo detrás de la pelvis. Saca pecho e inclínate ligeramente hacia atrás, desplazando el peso para equilibrarte sobre los isquiones y el coxis. Cuando exhales, dobla las rodillas y eleva los muslos, levantando los pies del suelo. Tus muslos deben formar un ángulo de cuarenta y cinco grados con el suelo. Mantente en esa postura unos segundos y después relaja las piernas y, si puedes, mantén el pecho abierto y la espalda recta. Extiende los brazos hacia delante, en dirección a las piernas, estira los dedos de los pies y respira. Quédate en esta postura todo el tiempo que puedas hasta cumplir un minuto.

Postura del bailarín

Esta elegante postura te llevará a realizar un arco pronunciado con la espalda a la vez que fortalecerás los tobillos y mejorarás el equilibrio.

Empieza en la postura de la montaña, de pie, con los hombros abiertos, los brazos a ambos lados del cuerpo y los pies juntos. Apoya firmemente los pies en la esterilla para enraizarte lo máximo que puedas y abre el pecho hacia arriba. Dobla la pierna derecha hacia atrás, de forma que el pie quede por detrás de tu cuerpo, y extiende la mano derecha en su dirección para sujetártelo. Dirige el pie hacia arriba y después hacia la cadera al mismo tiempo que vas inclinando el torso hacia delante. Extiende el brazo izquierdo hacia delante haciendo una pose como la de Superman y concéntrate en el estiramiento que va produciéndose en todo tu cuerpo. Mantén el equilibrio durante aproximadamente treinta segundos, vuelve a apoyar lentamente el pie derecho sobre la esterilla y repite la postura con el pie izquierdo.

**NO EXISTE MEJOR BARCA
QUE EL HORÓSCOPO
PARA AYUDAR A LOS HOMBRES
A ATRAVESAR EL MAR DE LA VIDA.**

VARĀHAMIHIRA

Actividades físicas para
Libra

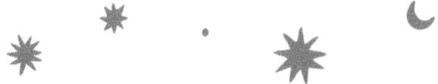

Si has nacido bajo el signo de Libra, eres una persona muy sociable, por lo que sueles preferir practicar deportes de equipo. Tanto el ejercicio físico como estar con tus amigos te hacen sentir bien, así que sacas tiempo de tu agenda para dedicarlo al deporte y a socializar con tus compañeros de equipo.

Practicar yoga es absolutamente esencial para ti, dado que las numerosas posturas de yoga que existen pueden crear esa sensación de equilibrio que necesitas para dar lo mejor de ti (puedes consultar el capítulo **Posturas de yoga para Libra**, en la página 103). Estirar los músculos a ambos lados del cuerpo de manera armoniosa y explorar posturas relajantes de forma consciente, concentrándote en la respiración, es todo lo que necesitas para destensarte. De vez en cuando, puedes probar a hacer alguna cosa distinta y más intensa, con estilos como Bikram y Vinyasa.

Las artes marciales que fortalecen toda la musculatura del cuerpo, como el *taekwondo*, son excelentes para aumentar la fuerza, la resistencia y la paciencia. Este arte marcial tiene sus raíces en la defensa personal y se basa en técnicas de precisión de puñetazos y patadas y en el entrenamiento de la fuerza mental, lo que requiere la participación de cuerpo y mente a partes iguales. Del mismo modo, el taichí puede ser una buena opción para sacar a relucir el lado más elegante y creativo de Libra.

Los cristales

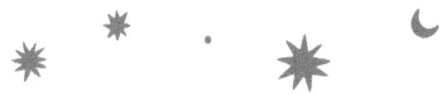

Los cristales presentes en la naturaleza poseen propiedades piezoeléctricas y piroeléctricas que los hacen vibrar. Esto, unido al hecho de que también son conductores de calor y electricidad, ha llevado a la creencia generalizada de que pueden transformar tus niveles de energía, ayudarte a encontrar el amor y tener efectos curativos sobre ti.

Los cristales se han empleado para la curación de diversos males desde hace miles de años. Se cree que sus vibraciones ayudan a restablecer los mecanismos naturales de nuestro cuerpo, además de favorecer una sensación de equilibrio, calma y bienestar. A este tipo de práctica se la llama *medicina vibracional*.

A menudo las personas eligen cristales por sus colores y sus propiedades, pero también es clave que piensen en su signo zodiacal y en su fecha de nacimiento. De hecho, obtendrás mayores beneficios si escoges cristales que estén alineados con tu signo solar.

Ten en cuenta también el cuerpo celeste (véase la **Ficha de Libra** en la página 39) y los cristales asociados al chakra correspondiente a tu signo solar (véase el capítulo **Los chakras** en la página 119) para obtener los máximos beneficios.

Chakra	Lugar	Color	Asociaciones emocionales y físicas
Raíz	Base de la columna vertebral	Rojo	Arraigo, independencia
Sacro	Debajo del ombligo	Naranja	Aceptación, bienestar, placer
Plexo solar	Base de la caja torácica	Amarillo	Confianza en uno mismo, autocontrol, autoestima
Corazón	Centro del pecho	Verde	Amor, alegría, paz interior
Garganta	Base de la garganta	Azul	Comunicación, expresión personal
Tercer ojo	Entre las cejas, por encima	Índigo	Intuición, capacidad de decisión
Corona	Parte superior de la cabeza	Violeta	Sensación de conexión, espiritualidad

Los cristales según tu signo del zodiaco

Aries – jaspe rojo, cornalina, cuarzo citrino

Tauro – cuarzo ahumado, amazonita, selenita

Géminis – shungita, amazonita, ojo de tigre

Cáncer – selenita, labradorita, jaspe rojo

Leo – ojo de tigre, cuarzo rosa, granate

Virgo – amazonita, amatista, fluorita

Libra – ojo de tigre, amatista, piedra de heliotropo

Escorpio – turmalina rosa, amatista, azurita

Sagitario – lepidolita, cuarzo ahumado, shungita

Capricornio – cuarzo rosa, granate, cuarzo ahumado

Acuario – lepidolita, amatista, cuarzo turmalinado

Piscis – cuarzo, cornalina, crisocola

Limpieza de cristales

Es importante que prepares tus cristales antes de emplearlos para eliminar energías negativas o pasadas. Enjuágalos en agua corriente durante un minuto y deja que se sequen al aire libre. Después mét: elos en agua salada y déjalos secando otra vez. Por último, expón los cristales a la luz de la luna o del sol durante doce horas. Entonces estarán listos para ser usados.

Cómo cuidarte con ayuda de los cristales

Puedes probar a usar los cristales para crear un espacio relajante en tu casa o donde quieras alimentar tu creatividad. Sigue estos pasos para mejorar la calidad de la energía de tu espacio seguro:

- Escoge un espacio tranquilo y acogedor de tu casa, como una zona en la sala de estar o en tu habitación. Tiene que ser un lugar en el que puedas tomarte algún momento libre de ruidos y de otras personas, que te resulte cómodo y que te permita relajarte.

- Deja que el aire fluya en ese espacio para liberarlo de las «energías muertas». Después límpialo físicamente: elimina el polvo y las telarañas que veas, ordénalo y deshazte de los objetos más superfluos para que solo queden unas cuantas cosas que consideres elementales.

- Añade algunos cristales para llenar tu espacio de calma: el cuarzo y la amatista son ideales para este objetivo, ya que estimulan la regeneración, la purificación y la armonía.

- Coloca los cristales en zonas claves donde puedan recibir luz natural y asegúrate de dejar algo de espacio entre ellos para evitar que se toquen.

Los tarots

Los tarots se emplean para la adivinación y cualquiera es capaz de leerlos. De hecho, no es necesario ser o consultar a un médium para probar con la baraja. Puedes leer el tarot tú mismo o turnarte con un amigo. Los tarots pueden servirte de guía y revelarte nuevos puntos de vista si formulas una pregunta e interpretas las cartas que extraes casualmente de la baraja. Cada una de las setenta y ocho cartas tiene un significado único para cualquier pregunta.

Las cartas están divididas en arcanos mayores y menores. Los veintidós arcanos mayores incluyen figuras que puedes haber oído alguna vez, como el Sol, la Luna, el Loco, la Muerte y los Amantes. Representan influencias kármicas y temas vinculados con tu vida. Cuando aparece uno de ellos en tu lectura, debes tomarte el tiempo necesario para reflexionar sobre las lecciones de vida que puede ofrecerte.

Cada signo del zodiaco está gobernado por uno de los arcanos mayores. En el caso de Libra, la carta es la de la Justicia, personificación de la verdad y la moral, que nos recuerda que cada una de nuestras acciones tiene consecuencias.

Los arcanos menores constituyen cincuenta y seis cartas divididas en cuatro palos de catorce cartas cada uno: diez de ellas están numeradas y después las siguen una sota, un caballo o caballero, una reina y un rey. Estas cartas representan situaciones y pueden ayudarte a tomar decisiones y a reflexionar sobre tu condición psíquica.

Los tarots en sí mismos pueden interpretarse de formas distintas. Algunas personas creen que las respuestas provienen de espíritus o ángeles, mientras que otras prefieren interpretarlas basándose en la sincronicidad, según la cual las cartas extraídas de la baraja crean un significado en la correlación de unas con otras.

Si te interesa este tema, te aconsejo que profundices en el significado específico de cada carta, aunque en las siguientes páginas encontrarás algunos consejos básicos. Con solo varias indicaciones, podrás descubrir el simbolismo de los tarots y emprender un viaje de autodescubrimiento personal.

Escoge una baraja

Se dice que, si alguien se compra a sí mismo su primera baraja de tarot, le traerá mala suerte, ya que debería ser un regalo. Sin embargo, hoy en día esta superstición está bastante anticuada, así que, si la idea no te molesta, ¡ve a comprarte una baraja! Es importante que tengas un buen vínculo con la baraja de cartas que vas a usar, así que elige una que tenga ilustraciones que te agraden. Hay cientos de barajas diferentes a tu disposición: investiga un poco y escoge la que más te guste. Si, en cambio, te sientes abrumado por la cantidad de barajas que existen, siempre puedes escoger la más famosa, la clásica de Rider-Waite.

Energiza y purifica las cartas

Una baraja de cartas nueva necesita que la llenen de energía, así que, después de sacarlas de su caja por primera vez, tómate un momento para mezclarlas bien. La mejor manera de hacerlo es extenderlas sobre una mesa y moverlas con las manos hasta que te parezca que se han mezclado bien. No hace falta que seas sumamente delicado; no pasa nada si algunas cartas terminan del revés: darán lugar a lecturas invertidas. Así que mézclalas, vuelve a mezclarlas y mézclalas una vez más.

Cuando llevas un tiempo sin usar tu baraja, es buena idea limpiarla para liberarla de posibles energías negativas. Hay distintas maneras de hacerlo: baraja las cartas y golpea el mazo tres veces con los nudillos. Por la noche, coloca las cartas sobre el alféizar de una ventana para que queden bañadas por la luz de la luna, quema un poco de salvia seca y pasa la baraja por el humo unas cuantas veces.

Crea la atmósfera

Al principio, te recomiendo que elijas un espacio que te dé paz y tranquilidad y donde puedas dedicarle a la baraja toda tu atención. Escoge un lugar tranquilo y ordenado donde sientas que hay energía positiva. También puedes añadir algunos objetos que te parezcan adecuados para ayudarte a crear la atmósfera perfecta.

Define la intención

Durante una lectura, es fundamental que la energía a tu alrededor sea positiva. Un modo sencillo para asegurarte es que ilumines el lugar con una luz blanca y brillante, lo que hará que se disipen posibles energías negativas que pueda haber y las mantendrá alejadas durante toda la lectura.

Lectura y preguntas

Si eres principiante, te recomiendo que empieces con tres cartas, que van a representar el pasado, el presente y el futuro. Imagina la pregunta que vas a hacer mientras barajas el mazo. Las cartas que salen volando del mazo mientras lo haces son significativas. Delante de ti, vas a disponer de tres cartas bocarriba: pasado, presente y futuro.

Cuanto más precisa sea la pregunta, más precisa será la respuesta. Intenta evitar hacer tanto preguntas vagas como las que podrían responderse con un simple «sí» o «no». Lo ideal es que busques cuestiones que puedan abrir una conversación.

Al haber nacido bajo el signo de Libra, es posible que quieras hacer preguntas sobre tu vida amorosa y sobre quién podrías conocer en el futuro. ¿Qué esperas que te suceda? Pregunta a las cartas qué giro tomarán los acontecimientos.

NO DEBEMOS AVERGONZARNOS
DE COQUETEAR CON EL ZODIACO.
EL ZODIACO ES VALIOSO.

DAVID HERBERT

Los chakras

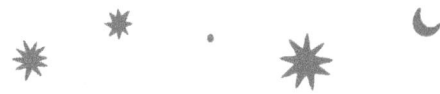

Si has practicado yoga alguna vez, seguramente sabrás lo que son los chakras e incluso tengas ganas de saber más sobre ellos. Los chakras vienen mencionados en los textos sagrados del hinduismo, pero son reconocidos y utilizados por muchas personas fuera de la religión y se consideran puntos de fuerza vital que hacen fluir su energía hacia partes concretas de nuestro cuerpo. Cuando el estrés y las tensiones de la vida crean bloqueos en alguno de estos puntos, nuestro cuerpo podría resentirse, por lo que es útil tratar de eliminar tales bloqueos. La mejor manera de hacerlo es estimular el flujo de energía a través de la meditación, posturas de yoga específicas para cada chakra o ejercicios de respiración.

Existen siete chakras principales: raíz, sacro, plexo solar, corazón, garganta, tercer ojo y corona. Estos puntos son diferentes de las partes del cuerpo asociadas a los signos del zodiaco y corresponden, en cambio, a las características personales de cada uno.

Los signos del zodiaco y los chakras

Aries: Chakra del plexo solar, situado en el abdomen, fuente de autoestima y poder

Tauro: Chakra del corazón, cuya energía confiere habilidades relacionadas con la empatía

Géminis: Chakra de la garganta, asociado a la comunicación y a la creatividad

Cáncer: Chakra del tercer ojo, situado sobre la frente y considerado el centro del alma

Leo: Chakra de la corona, que representa el pensamiento, la comprensión y la capacidad de encontrar soluciones con facilidad

Virgo: Chakra de la garganta, que refleja la comunicación clara y el saber hablar en público

Libra: Chakra del corazón, fuente de sanación emocional y creación de vínculos con los demás

Escorpio: Chakra del plexo solar, que ayuda a combatir los miedos y a mantener las emociones bajo control

Sagitario: Chakra sacro, que brinda optimismo y pasión

Capricornio: Chakra de la raíz, situado en la base de la columna vertebral, que favorece una buena salud mental y física

Acuario: Chakra de la raíz, que ayuda a mantener los pies en la tierra y a adoptar una actitud de apoyo

Piscis: Chakra sacro, que fomenta la sensualidad, el entusiasmo y la creatividad

¡Hasta la próxima!

¿Qué piensas ahora sobre el zodiaco? ¡Seguro que has aprendido muchísimo! Apuesto a que habrás vivido más de un momento revelador mientras estabas leyendo este libro, en el que situaciones y características que te son familiares salían de las páginas para encontrarse contigo. Muchos sentimos la necesidad de comprendernos más profundamente y la astrología puede darnos un poco de tranquilidad entre las complejidades de la vida moderna.

Espero que este libro te haya dado la perspectiva y el conocimiento que necesitabas para emprender la siguiente fase de tu viaje. Ahora es momento de que saques tus propias conclusiones sobre quién eres realmente y de dónde vienen tus comportamientos, y en esto podrán guiarte las estrellas. El misterio del zodiaco es tan amplio como complejo, pero es una maraña que se puede desenredar y, si estás dispuesto a afrontar sus retos, podrás sacar provecho de todo lo que te ofrece.

LA ASTROLOGÍA ES UNA PARTIDA DE AJEDREZ CON UN COMPAÑERO INVISIBLE.

NOEL TYL

Recursos

Libros

Goodman, Linda (1999). *Sun Signs*. Pan Macmillan UK.

Parker, Julia, y Parker, Derek (2020). *Parkers' Astrology*. Dorling Kindersley.

Taylor, Carole (2018). *Using the Wisdom of the Stars in Your Everyday Life*. Dorling Kindersley.

Páginas web y aplicaciones

Astro.com – Un amplio recurso gratuito tanto para principiantes como para expertos en astrología. Puedes configurar tu carta natal en este sitio como punto de partida.

Linda-goodman.com – Un foro de gran utilidad, dedicado a la difunta astróloga, donde las personas comparten sus experiencias astrológicas.

TimePassages – Una aplicación de pago, pero muy fácil de usar, donde puedes configurar tu carta natal, leer los horóscopos diarios y comparar tu carta con la de algún amigo o compañero.

Co-Star – Una aplicación de astrología muy famosa (la versión básica es gratuita) con un diseño elegante. Es una herramienta útil que cuenta con lecturas en tiempo real basadas en datos de la NASA y una gran cantidad de información y consejos.

Índice